Königs Erläuterungen und Materialien
Band 159

Erläuterungen zu Günter Grass Die Blechtrommel

von Dr. Edgar Neis

3. erw. Auflage

D0943312

C. Bange Verlag – Hollfeld/Ofr.

Herausgegeben von Dr. Peter Beyersdorf,
Gerd Eversberg und Reiner Poppe

ISBN 3-8044-0250-X
© 1981 by C. Bange Verlag, 8601 Hollfeld
Alle Rechte vorbehalten
Druck: Lorenz Ellwanger, 8580 Bayreuth, Maxstraße 58/60

INHALT

MATERIALIEN

VOM ,,BLECHTROMMEL"-ROMAN zum ,,BLECHTROMMEL"-FILM

GÜNTER GRASS: LEBEN UND WERK

Günter Grass wurde am 16. Oktober 1927 in Danzig als Kind deutsch-polnischer Eltern geboren. Notgedrungen Hitlerjunge, mußte er 1944 auch noch Soldat werden. 1946 kam er aus kurzer Kriegsgefangenschaft in die britische Zone. In den folgenden Jahren schlug er sich als Bergmann und Jazzmusiker durch und durchlief 1946–1949 eine Steinmetz- und Steinbildhauerlehre. Er schrieb sich dann an der Kunstakademie in Düsseldorf ein und wurde 1952 Schüler des Bildhauers Karl Hartung in West-Berlin, wo er mit seiner Familie nach Pariser Jahren (1956–1960) auch heute wieder lebt.

Erste Anerkennung als Schriftsteller brachte ihm 1955 der Hauptpreis bei einem Lyrikerwettbewerb des Stuttgarter Rundfunks. Sein erster Lyrikband „Die Vorzüge der Windhühner" erschien 1955/56. Dramatische Werke, die in jenen Jahren entstanden, als ihn ein monatliches Stipendium des Luchterhand-Verlags von 300,— DM über Wasser hielt, erhielten zwar teilweise gute Kritiken, doch fanden sie keinen Intendanten.

Als Grass Teile des noch unfertigen Romans „Die Blechtrommel" im Herbst 1958 auf einer Tagung der „Gruppe 47" vorlas, erhielt er ihren mit 3000 DM dotierten Literaturpreis. Das Buch (1959), in vielen Sprachen übersetzt, wurde ein Welterfolg, der Grass von materiellen Sorgen befreite. 1960 folgte ein neuer Gedichtband „Glücksdreieck", 1961 die Novelle „Katz und Maus" (verfilmt 1966). Nach dem Erfolg der „Blechtrommel" war der Weg auch für Grass' dramatische Arbeiten geebnet. Nach kleineren Stücken wie „Hochwasser" (Uraufführung: Frankfurt am Main, 1957), „Onkel, Onkel" (Uraufführung: Köln, 1958), „Noch zehn Minuten bis Buffalo" (Uraufführung: Bochum, 1959) und „Goldmäulchen" wurden 1961 „Die bösen Köche" als erstes abendfüllendes Stück im Werkstatt-Theater des Schillertheaters Berlin uraufgeführt. Ferner schrieb Grass die Farce „Zweiunddreißig Zähne".

Erhebliche Diskussionen erregte im Herbst 1963 auch das Buch „Hundejahre". Auf der einen Seite eine Fortsetzung jener Danzig-Saga („Blechtrommel"), auf der anderen die Spiegelung eines Zeitbildes, hat es Grass in diesem Werk unternommen, das für ihn Charakteristische von Mensch und Geschick, Zeit und historischer Evolution im Deutschland der Jahre zwischen 1920 und 1955 festzuhalten und auf seine Art zu deuten.

Zusammen mit Wolfgang Neuss und Uwe Johnson versuchte Grass als

Mitarbeiter des „Spandauer Volksblattes" einen Durchbruch durch die Uniformität der Berliner Presse zu erkämpfen. Dieser gesellschafts-politischen Aktion folgten Proteste in Ost und West, z. B. gegen die Notstandsgesetze, „autoritären Klerikalismus", „reaktionäre Bundes-politik" und die Unterdrückung der Freiheit in der DDR. In diese Linie paßte sein Theaterstück „Die Plebejer proben den Aufstand", das das Verhalten Brechts während des Aufstandes am 17. 6. 1953 zum Gegen-stand hat. Trotz der schlechten Presse, die das Werk 1966 bei seiner Uraufführung in Berlin hatte, ging es später über fast alle namhaften Bühnen deutscher Sprache und den Bildschirm (1970).

Weitere Arbeiten von Grass waren sein dritter Lyrikband „Ausgefragt" (1967), ein Band Reden, Aufsätze, offene Briefe und Kommentare unter dem Titel „Über das Selbstverständliche" (1968), ferner „Über meinen Lehrer Döblin und andere Vorträge" (1968). Sein dritter großer Roman „Örtlich betäubt" (1969) wurde vor allem in den USA ein Riesenerfolg.
Im Frühjahr 1970 schrieb Grass das Libretto zu einem neuen Ballett von Aribert Reiman. 1978 erschien sein umfangreicher Roman „Der Butt", 1979 „Das Treffen in Telgte", 1980 „Kopfgeburten".

Grass ist Rundfunkrat-Mitglied des Senders Freies Berlin und Ehren-doktor der Kenyon-Universität in Ohio/USA. 1960 erhielt er den Literatur-preis des Verbandes der deutschen Kritiker, 1962 einen französischen Literaturpreis, 1965 den Georg-Büchner-Preis, 1968 den Fontane- und Theodor-Heuss-Preis.

Grass reiste 1951 nach Italien, 1955 nach Spanien, 1957 und 1959 nach Polen, 1961/62 zu Vorträgen nach Skandinavien und England. Jährlich seit 1964 (zuletzt März 1970) las er in den USA aus seinen Arbeiten, wo ihm als erstem deutschen Schriftsteller unserer Nachkriegsliteratur das bekannteste Nachrichtenmagazin der Welt, „Time", eine sogenannte Coverstory widmete.

In seinen Reden und Aufsätzen nahm Grass zu Problemen unserer Zeit und Gesellschaft Stellung, so z. B. in dem Band „Über das Selbstver-ständliche". Bemerkenswert ist auch der „Offene Brief an den Ost-deutschen Schriftstellerverband" zum 13. August (Tag des Mauerbaus in Berlin). Im Jahre 1972 erschien das Werk „Aus dem Tagebuch einer Schnecke", in dem ein Schriftsteller (Grass selbst) seinen Kindern er-klärt, weshalb er sich politisch engagiert.

ÜBERSICHT ÜBER DIE SECHSUNDVIERZIG KAPITEL DES ROMANS „DIE BLECHTROMMEL" (GANG DER HANDLUNG)

ERSTES BUCH

Der weite Rock

Der Gnom Oskar Matzerath, Insasse einer Heil- und Pflegeanstalt, stellt seine Großmutter mütterlicherseits namens Anna Bronski vor, die in ihren vier Röcken am Rande eines Kartoffelackers im Herzen der Kaschubei, zwischen Dirschau und Karthaus, sitzt und in heißer Asche Kartoffeln röstet.

Unterm Floß

Oskar berichtet: „An jenem Oktobertag des Jahres neunundneunzig wurde zwischen Dirschau und Karthaus, nahe der Ziegelei Bissau, unter vier gleichfarbigen Röcken vom kleinen, aber breiten Joseph Koljaiczek meine Mutter Agnes gezeugt. Anna Bronski, meine Großmutter, wechselte ihren Namen, ließ sich zur Anna Koljaiczek machen und folgte dem Joseph in die Provinzhauptstadt an der Mottlau, wo Joseph Arbeit als Flößer fand."

Falter und Glühbirne

Im Jahre dreiundzwanzig heiratet der Kolonialwarenhändler Alfred Matzerath Agnes Koljaiczek. Aus dieser Ehe geht Oskar Matzerath hervor: „Ich erblickte das Licht dieser Welt in Gestalt zweier Sechzig-Watt-Glühbirnen. Bis auf den obligaten Dammriß verlief meine Geburt glatt. Mühelos befreite ich mich aus der von Müttern, Embryonen und Hebammen gleichviel geschätzten Kopflage." Die Mutter verspricht: „Wenn der kleine Oskar drei Jahre alt ist, soll er eine Blechtrommel bekommen."

Das Fotoalbum

Bei der Betrachtung der Familienbilder eines Fotoalbums stellt Oskar Matzerath Betrachtungen an über das Aussehen seiner dreiundzwanzigjährigen Mutter, seines angeblichen Vaters, seines Onkels Jan Bronski

und seiner selbst als acht Monate altes Kind, als ein- bis zweieinhalb-
jähriges Kind und über seine Blechtrommel. Oskar beschließt, mit drei
Jahren sein Wachstum einzustellen.

Glas, Glas, Gläschen

Oskar stürzt an seinem dritten Geburtstag die Kellertreppe hinunter.
Man sieht darin den Grund für die Einstellung seines Wachstums.
Oskar lernt trommeln und ist in der Lage, Glas zu zersingen; sein
Schrei tötet Blumenvasen und zerbricht Fensterscheiben, schneidet
Vitrinen, Uhrengläser und Glühlampen auf.

Der Stundenplan

Oskar im Kindergarten und in der Grundschule (Pestalozzischule). Seine
Lehrerin ist Fräulein Spollenhauer. Oskar trommelt und zerschreit mit
einem Doppelschrei Fräulein Spollenhauers Brillengläser.

Rasputin und das Abc

Schreiben lernen (Sütterlinschrift) und lesen lernen: Als ,,Fibel'' dienen
die Bücher ,,Rasputin und die Frauen'' und Goethes ,,Wahlverwandt-
schaften''. Ausbildung Oskars durch Gretchen Scheffler.

Fernwirkender Gesang vom Stockturm aus gesungen

Einkäufe mit der Mutter in der Stadt. Spielwarenhändler Sigismund
Markus. Oskars Trommeln. Entglasung des Foyers des Stadttheaters
und seiner Türen durch schrille Schreie vom städtischen Stockturm her.

Die Tribüne

Oskar im Theater, in der Waldoper Zoppot (Richard Wagner: Der
Fliegende Holländer) und im Zirkus. Bekanntschaft mit dem Musical-
clown Bebra. Besuch einer Parteiveranstaltung nationalsozialistischer
Verbände. Oskar, trommelnd unter der Tribüne, stiftet Verwirrung.

Schaufenster

Oskar Matzerath berichtet: ,,Längere Zeit lang, genau gesagt, bis zum
November achtunddreißig, habe ich mit meiner Trommel, unter Tribünen
hockend, mehr oder weniger Erfolg beobachtend, Kundgebungen ge-
sprengt, Redner zum Stottern gebracht, Marschmusik, auch Choräle,
in Walzer und Foxtrott umgebogen ... Damals konnte man noch den
Leuten auf und vor den Tribünen mit einer armseligen Blechtrommel

8

beikommen, und ich muß zugeben, daß ich meinen Bühnentrick ähnlich wie das fernwirkende Glaszersingen bis zur Perfektion trieb. Ich trommelte damals nicht nur gegen braune Versammlungen. Oskar saß den Roten und den Schwarzen, den Pfadfindern und Spinathemden von der PX, den Zeugen Jehovas und dem Kyffhäuserbund, den Vegetariern und den Jungpolen von der Ozonbewegung unter der Tribüne. Was sie auch zu singen, zu blasen, zu beten und zu verkünden hatten: meine Trommel wußte es besser.''

Oskar trommelt nicht nur auf seiner Blechtrommel, er zersingt auch Schaufensterscheiben und veranlaßt dadurch Jan Bronski, seinen Onkel, zum Diebstahl eines rubinbesetzten goldenen Kolliers aus einem entglasten Juwelierladen, das dieser dann Oskars Mutter schenkt.

Kein Wunder

Karwoche 1936:
Oskar in der Herz-Jesu-Kirche: Er hängt dem gipsernen Jesusknaben seine Trommel um, aber Jesus trommelt nicht.

Karfreitagskost

Ausflug zur Hafenmole von Neufahrwasser mit Mutter, Matzerath und Jan Bronski: Ein von Aalen wimmelndes Pferde-Aas wird aus dem Meer herausgefischt.
Oskar im Kleiderschrank des elterlichen Schlafzimmers.

Die Verjüngung zum Fußende

Tod und Beerdigung von Oskars Mutter auf dem Friedhof Brenntau.

Herbert Truczinskis Rücken

Herbst siebenunddreißig: Oskar vierzehn Jahre alt.
Begegnung mit Meister Bebra und Roswitha Ranguna, der neapolitanischen Somnambulen. Freundschaft mit dem Kellner Herbert Truczinski. Die Narben auf Herbert Truczinskis Rücken.

Niobe

Herbert Truczinski als Museumswärter im Schiffahrtsmuseum. Die Galionsfigur der florentinischen Galeide, die „hölzern Figur Niobe" oder „De griehne Marjell" genannt, die Herbert Truczinski „bespringen" will und an der er seinen Tod findet.

Glaube, Hoffnung, Liebe

Die Geschichte des Musikers Meyn. Die Kristallnacht (November achtunddreißig). Die Zerstörung des Ladens des Spielzeughändlers Sigismund Markus, der weiß-rot gelackte Blechtrommeln verkauft hatte, deren Hauptabnehmer Oskar Matzerath war.

ZWEITES BUCH

Schrott

Im August neununddreißig versetzt der Hausmeister Kobyella die Polnische Post in Danzig in Verteidigungszustand. Oskar zerschlägt seine Blechtrommel zu Schrott.

Die Polnische Post

Die Kämpfe um das Gebäude der Polnischen Post. Die Heimwehr will das Postgebäude stürmen. Jan Bronski und Kobyella verteidigen die Post. Oskar erhält eine neue Blechtrommel.

Das Kartenhaus

Die Verteidiger der Polnischen Post spielen bis zum Zusammenbruch der Verteidigung Skat. Kobyellas Tod. Die Übergabe der Polnischen Post und Gefangennahme der Verteidiger.

Er liegt auf Saspe

Jan Bronski, Oskars mutmaßlicher Vater, wird wegen Freischärlerei erschossen. Oskar bekennt, überzeugt zu sein, „in Jan Bronski nicht nur einen Onkel, sondern auch einen richtigen, nicht nur mutmaßlichen Vater zu haben". Am ersten September neununddreißig (Ausbruch des Zweiten Weltkrieges!) datiert sich — so gesteht Oskar — seine zweite große Schuld: „Ich kann es mir nie, selbst bei wehleidigster Stimmung nicht verschweigen: Meine Trommel, nein, ich selbst, der Trommler Oskar, brachte zuerst meine arme Mama, dann Jan Bronski, meinen Onkel und Vater, ins Grab." (Oskar hatte nach der Eroberung der Polnischen Post durch die Heimwehr den Männern der Heimwehr „mit anklagenden Gesten" und kläglichem Weinen klargemacht, daß Jan Bronski „ein unschuldiges Kind in die Polnische Post geschleppt hatte,

um es auf polnisch unmenschliche Weise als Kugelfang zu benutzen",
worauf Jan Bronski grausam getreten und behandelt, Oskar aber ge-
tätschelt und gerettet wurde. Von diesem „Judasschauspiel" hatte er
sich für seine Trommel und sich selbst einiges versprochen und sollte
recht behalten.) Einige Zeit später besucht Oskar das Sandloch hinter
der Friedhofsmauer des Friedhofs Saspe, wo Bronski erschossen wurde.

Maria

Das enttäuschende Weihnachtsfest neununddreißig: keine neue Trommel
für Oskar.

„Da Oskar nicht die erforderliche Größe hatte, auch nicht gewillt war,
hinter dem Ladentisch zu stehen, Knäckebrot, Margarine und Kunsthonig zu verkaufen, nahm Matzerath, den ich der Einfachheit halber
wieder meinen Vater nenne, Maria Truczinski, meines armen Freundes
Herbert jüngste Schwester, ins Geschäft.

Sie hieß nicht nur Maria, sie war auch eine. Abgesehen davon, daß es
ihr gelang, unsern Laden innerhalb weniger Wochen abermals in guten
Ruf zu bringen, zeigte sie neben solch freundlich gestrenger Geschäfts-
führung — der sich Matzerath willig unterwarf — auch einigen Scharfsinn
in der Beurteilung meiner Lage.

Noch bevor Maria ihren Platz hinter dem Ladentisch fand, hatte sie
mir, der ich mit dem Schrotthaufen vor dem Bauch anklagend das
Treppenhaus, die über hundert Stufen auf und nieder stampfte, mehrmals eine gebrauchte Waschschüssel als Ersatz angeboten. Aber Oskar
wollte keinen Ersatz. Standhaft weigerte er sich, auf der Kehrseite
einer Waschschüssel zu trommeln. Kaum hatte Maria jedoch im Geschäft Fuß gefaßt, wußte sie gegen Matzeraths Willen durchzusetzen,
daß meinen Wünschen Rechnung getragen wurde . . .

Maria war, wenn ich von all den anonymen Krankenschwestern ab-
sehe, Oskars erste Liebe . . ."

Im Juli vierzig, kurz nachdem Sondermeldungen den hastig erfolg-
reichen Verlauf des Frankreichfeldzuges gemeldet hatten, beginnt die
Badesaison an der Ostsee. Oskar und Maria baden in Brösen.

Brausepulver

September vierzig: Ende der Badesaison. Badetag mit Maria. Das
stimulierende Brausepulver mit Waldmeister- und Himbeergeschmack,
das Oskar mit seinem Speichel in Marias Handteller und später in
Marias Bauchnabelkuhle zum Schäumen bringt: „Als es in dem Krater

zu kochen anfing, verlor Maria alle für einen Protest nötigen Argumente: denn der kochend brausende Bauchnabel hatte der hohlen Hand viel voraus. Es war zwar dasselbe Brausepulver, mein Speichel blieb mein Speichel, auch war das Gefühl nicht anders, nur stärker, viel stärker. So übersteigert trat das Gefühl auf, daß Maria es kaum noch aushalten konnte ...''

Sondermeldungen

,,Anfang November (vierzig) bestand kein Zweifel mehr, Maria war schwanger, Maria war schwanger im zweiten Monat und ich, Oskar, war der Vater.''

Oskar wird Zeuge eines Beisammenseins von Maria und Matzerath, das sich etwa zwei Wochen nach seinem Beisammensein mit ihr ereignet.

Oskar behauptet: ,,Ich war der erste, deshalb bin ich der Vater und nicht jener Matzerath, der immer und bis zuletzt glaubte, er sei mein Vater. Dabei war das Jan Bronski. Und was rauskam, das war mein Sohn, nicht sein Sohn! Auch wenn er zehnmal die arme Mama geheiratet hat, und auch Maria geheiratet hat, weil sie schwanger war ...'' (Maria ist siebzehneinhalb, Matzerath fünfundvierzig.)

,,Matzerath entschloß sich auf Gretchen Schefflers Zureden hin, meine Geliebte zu heiraten. Wenn ich also ihn, meinen mutmaßlichen Vater, als Vater bezeichne, muß ich feststellen: Mein Vater heiratete meine zukünftige Frau, nannte später meinen Sohn Kurt seinen Sohn Kurt, verlangte also von mir, daß ich in seinem Enkelkind meinen Halbbruder anerkannte und meine geliebte, nach Vanille duftende Maria als Stiefmutter in seinem nach Fischlaich stinkenden Bett duldete. Wenn ich mir aber bestätigte: Dieser Matzerath ist nicht einmal dein mutmaßlicher Vater, er ist ein wildfremder, weder sympathischer noch deine Abneigung verdienender Mensch, der gut kochen kann, der gut kochend bisher schlecht und recht an Vaters Statt für dich sorgte, weil deine arme Mama ihn dir hinterlassen hat, der dir nun vor allen Leuten die allerbeste Frau wegschnappt, dich zum Zeugen einer Hochzeit, fünf Monate später einer Kindstaufe macht, zum Gast zweier Familienfeste also, die zu veranstalten viel mehr dir zukäme, denn du hättest Maria zum Standesamt führen sollen, an dir wäre es gewesen, die Taufpaten zu bestimmen, wenn ich mir also die Hauptrollen dieser Tragödie ansah und bemerken mußte, daß die Aufführung des Stückes unter einer falschen Besetzung der Hauptrollen litt, verzweifelte ich am Theater: denn Oskar, dem wahren Charakterdarsteller, hatte man eine

Statistenrolle eingeräumt, die genau so gut hätte gestrichen werden können.

Bevor ich meinem Sohn den Namen Kurt gebe, ihn so nenne, wie er nie hätte heißen sollen — denn ich hätte den Knaben nach seinem wahren Großvater Vinzent Bronski benannt —, bevor ich mich also mit Kurt abfinde, will Oskar nicht verschweigen, wie er sich während Marias Schwangerschaft gegen die zu erwartende Geburt wehrte. Noch am selben Abend jenes Tages, da ich die beiden auf der Chaiselongue überraschte, trommelnd auf Matzeraths schweißnassem Rücken hockte und die von Maria geforderte Vorsicht verhinderte, unternahm ich einen verzweifelten Versuch, meine Geliebte zurückzugewinnen."

Die Ohnmacht zu Frau Greff tragen

Gemüsehändler Greff. Das winterliche Baden in der zugefrorenen Ostsee. „Abtreibungsversuche" Oskars bei Maria. „Am zwölften Juni, nach meinen Berechnungen vierzehn Tage zu früh, im Zeichen Zwillinge — und nicht wie ich errechnet hatte, im Sternzeichen Krebs —, wurde mein Sohn geboren . . . Voilà, ein Sohn! dachte ich mir. Er soll, wenn er drei Jahre alt ist, eine Blechtrommel bekommen. Wir wollen doch einmal sehen, wer hier der Vater ist — jener Herr Matzerath oder ich, Oskar Bronski. Im heißen Monat August — ich glaube, es wurde gerade wieder einmal der erfolgreiche Abschluß einer Kesselschlacht, jener von Smolensk gemeldet —, da wurde mein Sohn Kurt getauft . . ."

Das Taufessen. Oskars Brechreiz und Ohnmacht zu Füßen der „übel riechenden Schlampe" Lina Greff.

Fünfundsiebzig Kilo

Lina Greff, die Bettlägerige und Oskar. „Im September zweiundvierzig — ich hatte gerade sang- und klanglos meinen achtzehnten Geburtstag hinter mich gebracht, im Radio eroberte die sechste Armee Stalingrad — baute Greff mir eine Trommelmaschine . . . Mir gefiel die Maschine. Immer wieder ließ ich sie mir von Greff demonstrieren. Glaubte Oskar doch, der bastelnde Gemüsehändler habe sie seinetwegen, für ihn erfunden und erbaut. Bald darauf wurde mir allzu deutlich mein Irrtum offenbar. Greff hatte vielleicht von mir Anregungen erhalten, die Maschine jedoch war für ihn bestimmt; denn ihr Finale war auch sein Finale . . ."

Der betrügerische Greff (fünfundsiebzig Kilo schwer) hat sich erhängt (die Trommelmaschine hat der Bastler als Modell für das Gerüst benutzt, in dem er seinen „ausgewogenen" Tod suchte).

Bebras Fronttheater

,,Mitte Juni zweiundvierzig wurde mein Sohn Kurt ein Jahr alt. Oskar, der Vater, nahm das gelassen hin, dachte sich: noch zwei Jährchen. Im Oktober zweiundvierzig erhängte sich der Gemüsehändler Greff an einem so formvollendeten Galgen, daß ich, Oskar, fortan den Selbstmord zu den erhabenen Todesarten zählte. Im Januar dreiundvierzig sprach man viel von der Stadt Stalingrad. Da Matzerath jedoch den Namen dieser Stadt ähnlich betonte, wie er zuvor Pearl Harbour, Tobruk und Dünkirchen betont hatte, schenkte ich den Ereignissen in jener fernen Stadt nicht mehr Aufmerksamkeit als anderen Städten, die mir durch Sondermeldungen bekannt wurden; denn für Oskar waren Wehrmachtsberichte und Sondermeldungen eine Art Geographieunterricht. Wie hätte ich sonst auch erfahren können, wo die Flüsse Kuban, Mius und Don fließen, wer hätte mir besser die geographische Lage der Aleuteninseln Atu, Kiska und Adak erläutern können, als ausführliche Radioberichte über die Ereignisse im Fernen Osten. So lernte ich also im Januar dreiundvierzig, daß die Stadt Stalingrad an der Wolga liegt, sorgte mich aber weniger um die sechste Armee, vielmehr um Maria, die zu jener Zeit eine leichte Grippe hatte.

Während Marias Grippe abklang, setzten die im Radio ihren Geographieunterricht fort: Rzev und Demjansk sind für Oskar heute noch Ortschaften, die er sofort und blindlings auf jeder Karte Sowjetrußlands findet. Kaum war Maria genesen, bekam mein Sohn Kurt den Keuchhusten. Während ich versuchte, mir die schwierigsten Namen einiger heißumkämpfter Oasen Tunesiens zu merken, fand mit dem Afrikakorps auch Kurtchens Keuchhusten sein Ende.

O Wonnemonat Mai: Maria, Matzerath und Gretchen Scheffler bereiteten Kurtchens zweiten Geburtstag vor. Auch Oskar maß dem bevorstehenden Festtag größere Bedeutung bei; denn vom zwölften Juni dreiundvierzig an brauchte es nur noch ein Jährchen. Ich hätte also, wäre ich anwesend gewesen, an Kurtchens zweitem Geburtstag meinem Sohn ins Ohr flüstern können: ,Warte nur, balde trommelst auch du.' Es begab sich aber, daß Oskar am zwölften Juni dreiundvierzig nicht in Danzig-Langfuhr weilte, sondern in der alten Römerstadt Metz."

Vor der Pestalozzischule, die man in eine Luftwaffenkaserne umgewandelt hatte, trifft Oskar seinen alten Freund, Meister Bebra. Doch Bebra allein hätte ihn nicht zur Reise nach Metz und Paris überreden können. An Bebras Arm hängt die Ranguna, die Signora Roswitha, die große Somnambule.

Oskar wird Mitglied des Fronttheaters. Das Fronttheater, auf der Reise nach Metz, sucht bei Fliegeralarm in Berlin den Thomaskeller auf, gibt dort eine Vorstellung, wird durch niedergehende Luftminen verschüttet, was aber Oskar nicht hindert, bei Roswitha „Zuflucht" zu suchen.

Beton besichtigen — oder mystisch barbarisch gelangweilt

„Drei Wochen lang spielten wir Abend für Abend in den altehrwürdigen Kasematten der Garnison- und Römerstadt Metz. Dasselbe Programm zeigten wir zwei Wochen lang in Nancy. Châlons-sur-Marne nahm uns eine Woche lang gastfreundlich auf. Schon schnellten sich von Oskars Zunge einige französische Wörtchen. In Reims konnte man noch Schäden, die der erste Weltkrieg verursacht hatte, bewundern. Die steinerne Menagerie der weltberühmten Kathedrale spie, vom Menschentum angeekelt, ohne Unterlaß Wasser auf die Pflastersteine, was heißen soll: Es regnete tagtäglich, auch nachts in Reims. Dafür hatten wir dann einen strahlend milden September in Paris. An Roswithas Arm durfte ich an den Quais wandeln und meinen neunzehnten Geburtstag begehen. Obgleich ich die Metropole von den Postkarten des Unteroffiziers Fritz Truczinski her kannte, enttäuschte mich Paris nicht im geringsten. Als Roswitha und ich erstmals am Fuße des Eiffelturmes standen und wir — ich vierundneunzig, sie neunundneunzig Zentimeter hoch — hinaufblickten, wurde uns beiden, Arm in Arm, erstmals unsere Einmaligkeit und Größe bewußt. Wir küßten uns auf offener Straße, was jedoch in Paris nichts heißen will.

Oh, herrlicher Umgang mit Kunst und Historie! Als ich, immer noch Roswitha am Arm haltend, dem Invalidendom einen Besuch abstattete, des großen, aber nicht hochgewachsenen, deshalb uns beiden so verwandten Kaisers gedachte, sprach ich mit Napoleons Worten. Wie jener am Grabe des zweiten Friedrich, der ja auch kein Riese war, gesagt hatte: ‚Wenn der noch lebte, stünden wir nicht hier!' flüsterte ich zärtlich meiner Roswitha ins Ohr: ‚Wenn der Korse noch lebte, stünden wir nicht hier, küßten uns nicht unter den Brücken, auf den Quais, sur le trottoir de Paris.'

Im Rahmen eines Riesenprogramms traten wir in der Salle Pleyel und im Théâtre Sarah Bernhardt auf. Oskar gewöhnte sich schnell an die großstädtischen Bühnenverhältnisse, verfeinerte sein Repertoire, paßte sich dem verwöhnten Geschmack der Pariser Besatzungstruppen an: Ich zersang nicht mehr simple, deutsch-ordinäre Bierflaschen, nein, ausgesuchteste, schöngeschwungene, hauchdünn geatmete Vasen und Fruchtschalen aus französischen Schlössern zersang und zerscherbte ich. Nach kulturhistorischen Gesichtspunkten baute sich mein Programm auf, begann mit Gläsern aus der Zeit Louis XIV., ließ Glasprodukte aus der Epoche Louis XV. zu Glasstaub werden. Mit Vehemenz, der revolutionären Zeit eingedenk, suchte ich die Pokale des unglücklichen Louis XVI. und seiner kopflosen Marie Antoinette heim, ein bißchen Louis Philippe, und zum Abschluß setzte ich mich mit den gläsernen Phantasieprodukten des französischen Jugendstils auseinander.

Wenn auch die feldgraue Masse im Parkett und auf den Rängen dem historischen Ablauf meiner Darbietungen nicht folgen konnte und die Scherben nur als gewöhnliche Scherben beklatschte, gab es dann und wann doch Stabsoffiziere und Journalisten aus dem Reich, die außer den Scherben auch meinen Sinn fürs Historische bewunderten. Ein uniformierter Gelehrtentyp wußte mir Schmeichelhaftes über meine Künste zu sagen, als wir, nach einer Gala-Vorstellung für die Kommandantur, ihm vorgestellt wurden. Besonders dankbar war Oskar dem Korrespondenten einer führenden Zeitung des Reiches, der in der Seine-Stadt weilte, sich als Spezialist für Frankreich auswies und mich diskret auf einige kleine Fehler, wenn nicht Stilbrüche in meinem Programm aufmerksam machte. Wir blieben den Winter über in Paris. In erstklassigen Hotels logierte man uns ein, und ich will nicht verschweigen, daß Roswitha an meiner Seite den ganzen langen Winter hindurch die Vorzüge der französischen Bettstatt immer wieder erprobte und bestätigte. War Oskar glücklich in Paris? Hatte er seine Lieben daheim, Maria, den Matzerath, das Gretchen und den Alexander Scheffler, hatte Oskar seinen Sohn Kurt, seine Großmutter Anna Koljaiczek vergessen?

Wenn ich sie auch nicht vergessen hatte, vermißte ich dennoch keinen meiner Angehörigen. So schickte ich auch keine Feldpostkarte nach Hause, gab denen kein Lebenszeichen, bot ihnen vielmehr die Möglichkeit, ein Jahr lang ohne mich zu leben; denn eine Rückkehr hatte ich schon bei der Abfahrt beschlosssen, war es doch für mich von Interesse, wie sich die Gesellschaft ohne meine Anwesenheit daheim eingerichtet hatte . . .

Im April vierundvierzig — von allen Fronten wurden erfolgreiche Frontverkürzungen gemeldet — mußten wir unser Artistengepäck packen, Paris verlassen und den Atlantikwall mit Bebras Fronttheater beglücken. Wir begannen die Tournee in Le Havre . . . Das war im Juni vierundvierzig. Wir hatten inzwischen den Atlantikwall von der Biskaya bis hoch nach Holland abgeklappert, blieben jedoch zumeist im Hinterland, sahen nicht viel von den sagenhaften Bunkern, und erst in Trouville spielten wir erstmals direkt an der Küste. Man bot uns eine Besichtigung des Atlantikwalls an. Bebra sagte zu. Letzte Vorstellung in

Trouville. Nachts wurden wir in das Dörfchen Bavent, kurz vor Caën, vier Kilometer hinter den Stranddünen verlegt ... Scharfe Luft kam durchs Fenster, ein Froschtümpel quakte bis zum Morgen. Es gibt Frösche, die können trommeln. Im Schlaf hörte ich sie und ermahnte mich: Du mußt nach Hause, Oskar, bald wird dein Sohn Kurt drei Jahre alt, du mußt ihm die Trommel liefern, du hast sie ihm versprochen!

Und dann hatten wir ihn, den Beton. Bewundern und streicheln durften wir ihn; er hielt still. ,Achtung!' schrie jemand im Beton, warf sich baumlang aus jenem Bunker, der die Form einer oben abgeflachten Schildkröte hatte, zwischen zwei Dünen lag, ,Dora sieben' hieß und mit Schießscharten, Sehschlitzen und kleinkalibrigen Metallteilen auf Ebbe und Flut blickte. Obergefreiter Lankes hieß der Mensch, der dem Oberleutnant Herzog, auch unserem Hauptmann Bebra, meldete: ,Dora sieben, ein Obergefreiter, vier Mann. Keine besonderen Vorkommnisse!' "

Es ist der Vorabend der Invasion. Bebras Leute geben eine kleine Vorstellung, Oskar zersingt einen gläsernen Nachttopf, in dem ein Paar Wiener Würstchen mit Senf liegen.

Am nächsten Morgen um fünf Uhr landen in diesem Abschnitt Kanadier. Roswitha wird beim Versuch, einen Becher Kaffee aus der motorisierten Feldküche zu holen, durch eine einschlagende Schiffsgranate getötet.

Bebra und Oskar kehren nach Berlin zurück, wo sie sich trennen. Am elften Juni vierundvierzig, einen Tag vor dem dritten Geburtstag seines Sohnes, trifft Oskar in seiner immer noch unversehrten Heimatstadt Danzig ein.

Die Nachfolge Christi

Heimkehrer Oskar erzählt: ,,Matzerath machte die Tür auf, empfing mich wie ein Vater und nicht wie ein mutmaßlicher Vater. Ja, er verstand es, sich so über Oskars Heimkehr zu freuen, kam auch zu echten, sprachlosen Tränen, daß ich mich von jenem Tage an nicht nur ausschließlich Oskar Bronski, sondern auch Oskar Matzerath nannte . . .''

Es ist Kurtchens dritter Geburtstag. ,,Aus meinem Artistengepäck holte ich ein blitzblank fabrikneues Blech und wollte meinem Sohn dieselbe Chance bieten, die meine arme Mama, ein Versprechen haltend, mir an meinem dritten Geburtstag geboten hatte.''

Oskar will einen trommelnden Sohn an die Seite eines trommelnden Vaters stellen; aber sein Plan schlägt fehl. Kurtchen zerschlägt die neue Trommel zu Schrott, und Oskar, der Dreikäsehoch, bezieht Prügel von seinem Sohn Kurt, dem zwei Zentimeter größeren Dreikäsehoch.

Maria, welche der protestantische Gottesdienst nicht mehr befriedigt, will konvertieren. Sie geht mit Oskar in die Herz-Jesu-Kirche. Hochwürden Wiehnke predigt. Oskar schiebt dem auf dem linken Oberschenkel der Jungfrau Maria sitzenden nacktrosa Jesusknaben seine Trommel auf die Oberschenkel, in der Absicht, wie bereits vor Jahren, Jesus zu versuchen und trommeln zu lassen. Aber Jesus trommelt auch diesmal nicht. Vor Enttäuschung und Empörung bricht Oskar ihm einen Gipszeh ab, die Nachfolge Christi bestätigt sich nicht.

Die Stäuber

Nach dem Zersingen der Fenster der Schokoladenfabrik Baltic wird Oskar Führer einer dreißig- bis vierzigköpfigen Halbstarkenbande. Oskar als „Jesus" hat Jünger gefunden.

Das Krippenspiel

September vierundvierzig bis Januar fünfundvierzig: V 1 und V 2 fliegen schon nach England, aber an der Weichsel erzwingen Konjew und Schukow den Durchbruch durch die deutsche Front. Die Stäuber verüben in Jesu Namen Einbrüche, rauben Parteikassen, Lebensmittelkarten, Amtsstempel, Formulare, plündern Kirchen aus, stehlen Leuchter, Meßgeschirr, Fronleichnamsbanner, montieren Krippenfiguren und Statuen ab, brechen auch in die Herz-Jesu-Kirche ein und sägen den Jesusknaben ab. Beim Versuch, auch die Jungfrau Maria abzusägen, wird die Bande verhaftet.

Die Ameisenstraße

Der Stäuberprozeß: das Springen vom Zehnmetersprungturm im Schwimmbad. Oskar springt nicht. Tod und Beerdigung der Mutter Truczinski. Die Russen vor und in Danzig. Brand und Zerstörung Danzigs. Matzerath und die Seinen im Keller. Die Ameisenstraße. Matzerath verschluckt angesichts der eindringenden Russen sein Parteiabzeichen, das Oskar mit geöffneter Anstecknadel ihm zugesteckt hat, und erstickt daran.

Soll ich oder soll ich nicht

Besetzung der Stadt Danzig durch die Armee Marschall Rokossowskis. Geschichte der Stadt Danzig.

Beerdigung Matzeraths: „Während der alte Heilandt die Kiste mit Matzerath und dem Parteiabzeichen in Matzeraths Luftröhre, mit der

Munition einer russischen Maschinenpistole in Matzeraths Bauch mehr ins Grab stürzte als hinabließ, gestand Oskar sich ein, daß er Matzerath vorsätzlich getötet hatte (indem er ihm das geöffnete Parteiabzeichen vor den Russen in die Hand drückte), weil jener aller Wahrscheinlichkeit nach nicht nur sein mutmaßlicher, sondern sein wirklicher Vater war; auch weil er es satt hatte, sein Leben lang einen Vater mit sich herumschleppen zu müssen."

Oskar wirft seine Trommel in Matzeraths offenes Grab. Der Bann ist damit gebrochen: „Es vermehrte sich der Sand auf meiner Trommel, häufte sich, wuchs — und auch ich begann zu wachsen, was sich durch heftiges Nasenbluten anzeigte."

Desinfektionsmittel

Oskar berichtet: „Erst als mich der Stein bei Matzeraths Begräbnis auf dem Friedhof Saspe am Hinterkopf traf, begann ich zu wachsen ...

Ich nahm mir die Trommel vom Leib, warf sie mit den Stöcken in Matzeraths Grab, entschloß mich zum Wachstum, litt auch zugleich unter zunehmendem Ohrensausen und wurde erst dann von einem etwa walnußgroßen Kieselstein am Hinterkopf getroffen, den mein Sohn Kurt mit viereinhalbjähriger Kraft geschleudert hatte. Wenn mich auch dieser Treffer nicht überraschte — ahnte ich doch, daß mein Sohn etwas mit mir vorhatte —, stürzte ich gleichwohl zu meiner Trommel in Matzeraths Grube. Der alte Heilandt zog mich aus dem Loch, ließ aber Trommel und Trommelstöcke unten ... Maria prügelte das Kurtchen noch auf dem Friedhof. Kurt tat mir leid, denn es mochte ja immerhin sein, daß er den Stein mir zugedacht hatte, um zu helfen, um mein Wachstum zu beschleunigen. Vielleicht wollte er endlich einen richtigen, einen erwachsenen Vater haben oder auch nur einen Ersatz für Matzerath; denn den Vater in mir hat er nie erkannt oder gewürdigt ...

Im Alter von drei Jahren stürzte Oskar von der Kellertreppe auf den Betonfußboden. Durch diesen Sturz wurde sein Wachstum unterbrochen. Nun stürzt er in Matzeraths Grab, nachdem ihn ein Stein am Hinterkopf getroffen hat, und beginnt wieder zu wachsen. Mit einundzwanzig Jahren mißt er einen Meter und einundzwanzig Zentimeter.

Oskar erkrankt, eine Ärztin, die an seinem Krankenlager Zigaretten raucht und nach der vierten Zigarette einschläft, rät ihm und seinen Angehörigen, in Richtung Westen „wegzukommen".

Herr Fajngold zeichnet Oskars Fieberkurven auf, die wie ein schrecklich zerklüftetes Gebirge, wie die Alpen oder die Schneeketten der Anden, aussehen und desinfiziert ihn mit Lysol. Anfang Juni fünfundvierzig fahren die ersten Transporte in Richtung Westen, man stellt Anträge, muß warten, endlich ist es soweit: „Als dann der Zug einrollte, war es ein Güterzug. Menschen gab es, viel zu viel Kinder. Das Gepäck wurde kontrolliert und gewogen. Soldaten warfen in jeden Gepäckwagen einen Strohballen ... Wir kamen in den viertletzten Wagen. Herr Fajngold stand unter uns auf den Gleisen, reichte Maria drei Päckchen Margarine und zwei Päckchen Kunsthonig, fügte, als polnische Kommandos, Geschrei und Weinen die Abfahrt ankündigten, dem Reiseproviant noch ein Paket mit Desinfektionsmitteln hinzu — Lysol ist wichtiger als das Leben —, und wir fuhren, ließen Herrn Fajngold zurück, der auch richtig und ordnungsgemäß, wie es sich bei der Abfahrt von Zügen gehört, mit rötlich wehendem Haar immer kleiner wurde, nur noch aus Winken bestand, bis es ihn nicht mehr gab.''

Wachstum im Güterwagen

Über Oskar Matzerath, der seit über einem Jahr in der Heil- und Pflegeanstalt Altena im Sauerland stationiert ist und seiner geschwollenen Finger wegen schlecht schreiben kann, berichtet auf Oskars Bitte hin sein Pfleger Bruno Münsterberg:

„Herr Matzerath fuhr am zwölften Juni fünfundvierzig, etwa um elf Uhr vormittags, von Danzig, das zu diesem Zeitpunkt schon Gdansk hieß, ab. Ihn begleiteten die Witwe Maria Matzerath, die mein Patient als seine ehemalige Geliebte bezeichnet, Kurt Matzerath, meines Patienten angeblicher Sohn. Außerdem sollen sich in dem Güterwagen noch zweiunddreißig andere Personen befunden haben, darunter vier Franziskanerinnen in Ordenstracht und ein junges Mädchen mit Kopftuch, in welchem Herr Oskar Matzerath ein gewisses Fräulein Luzie Rennwand erkannt haben will. Nach mehreren Anfragen meinerseits gibt mein Patient aber zu, daß jenes Mädchen Regina Raeck hieß ..., die mit ihren Eltern, Großeltern und einem kranken Onkel reiste, der sich sofort nach der Abfahrt als ehemaliger Sozialdemokrat ausgab ...

In Gdynia hatte der Zug fünf Stunden Aufenthalt. Zwei Frauen mit sechs Kindern wurden noch in den Waggon eingewiesen. Der Sozialdemokrat soll dagegen protestiert haben, weil er krank war und als Sozialdemokrat von vor dem Kriege her Sonderbehandlung verlangte. Aber der polnische Offizier, der den Transport leitete, ohrfeigte ihn, als er nicht Platz machen wollte, und gab in recht fließendem Deutsch zu verstehen, daß er nicht wisse, was das bedeute, Sozialdemokrat. Er habe sich während des Krieges an verschiedenen Orten Deutschlands aufhalten müssen, während der Zeit sei ihm das Wörtchen Sozialdemokrat nie zu

Gehör gekommen. — Der magenkranke Sozialdemokrat kam nicht mehr dazu, dem polnischen Offizier Sinn, Wesen und Geschichte der Sozialdemokratischen Partei Deutschlands zu erklären, weil der Offizier den Waggon verließ, die Türen zuschob und von außen verriegelte.

Ich habe vergessen, zu schreiben, daß alle Leute auf Stroh saßen oder lagen. Als der Zug am späten Nachmittag abfuhr, riefen einige Frauen: ‚Wir fahren wieder zurück nach Danzig.' Aber das war ein Irrtum. Der Zug wurde nur rangiert und fuhr dann westwärts in Richtung Stolp. Die Reise bis Stolp soll vier Tage gedauert haben, weil der Zug auf freier Strecke ständig von ehemaligen Partisanen und polnischen Jugendbanden aufgehalten wurde. Die Jugendlichen öffneten die Schiebetüren der Waggons, ließen etwas frische Luft hinein und entführten mit der verbrauchten Luft auch einen Teil des Reisegepäcks aus den Waggons. Immer wenn die Jugendlichen den Waggon des Herrn Matzerath besetzten, erhoben sich die vier Nonnen und hielten ihre an den Kutten hängenden Kreuze hoch. Die vier Kruzifixe beeindruckten die jungen Burschen sehr. Sie bekreuzigten sich, bevor sie die Rucksäcke und Koffer der Reisenden auf den Bahndamm warfen.

Als der Sozialdemokrat den Burschen ein Papier hinhielt, auf welchem ihm noch in Danzig oder Gdansk polnische Behörden bescheinigt hatten, daß er zahlendes Mitglied der Sozialdemokratischen Partei von einunddreißig bis siebenunddreißig gewesen war, bekreuzigten sich die Burschen nicht, sondern schlugen ihm das Papier aus den Fingern, schnappten sich seine zwei Koffer und den Rucksack seiner Frau; auch jenen feinen großkarierten Wintermantel, auf dem der Sozialdemokrat lag, trug man an die frische pommersche Luft.

Dennoch behauptet Herr Oskar Matzerath, die Burschen hätten auf ihn einen vorteilhaften und disziplinierten Eindruck gemacht. Er führt das auf den Einfluß ihres Anführers zurück, der trotz seiner jungen Jahre mit knapp sechzehn Lenzen schon eine Persönlichkeit dargestellt haben soll, die den Herrn Matzerath auf schmerzliche und erfreuliche Weise zugleich an den Anführer der Stäuberbande, an jenen Störtebeker, erinnerte.

Als jener dem Störtebeker so ähnliche junge Mann Frau Maria Matzerath den Rucksack aus den Fingern ziehen wollte und schließlich auch zog, griff sich Herr Matzerath im letzten Augenblick das glücklicherweise obenliegende Fotoalbum der Familie aus dem Sack. Zuerst wollte der Bandenführer zornig werden. Als aber mein Patient das Album aufschlug und dem Burschen ein Foto seiner Großmutter Koljaiczek zeigte, ließ er, wohl an seine eigene Großmutter denkend, den Rucksack der

Frau Maria fallen, legte grüßend zwei Finger an seine eckig polnische Mütze, sagte in Richtung Familie Matzerath: ‚Do widzenia!' und verließ, an Stelle des Matzerathschen Rucksackes den Koffer anderer Mitreisender greifend, mit seinen Leuten den Waggon.

In dem Rucksack, der dank des Familienfotoalbums im Besitz der Familie blieb, befanden sich außer einigen Wäschestücken die Geschäftsbücher und Umsatzsteuerbelege des Kolonialwarengeschäftes, die Sparbücher und ein Rubinenkollier, das einst Herrn Matzeraths Mutter gehörte, das mein Patient in einem Paket Desinfektionsmittel versteckt hatte; auch machte jenes Bildungsbuch, das zur Hälfte aus Rasputinauszügen, zur anderen Hälfte aus Goethes Schriften bestand, die Reise gen Westen mit.

Mein Patient behauptet, er habe während der ganzen Reise zumeist das Fotoalbum und ab und zu das Bildungsbuch auf den Knien gehabt, habe darin geblättert, und beide Bücher sollen ihm, trotz heftigster Gliederschmerzen, viele vergnügliche, aber auch nachdenkliche Stunden beschert haben.

Weiterhin möchte mein Patient sagen: Das Rütteln und Schütteln, Überfahren von Weichen und Kreuzungen, das gestreckte Liegen auf der ständig vibrierenden Vorderachse eines Güterwagens hätten sein Wachstum gefördert. Er sei nicht mehr wie zuvor in die Breite gegangen, sondern habe an Länge gewonnen. Die geschwollenen, doch nicht entzündeten Gelenke durften sich auflockern. Selbst seine Ohren, die Nase und das Geschlechtsorgan sollen, wie ich höre, unter den Schienenstößen des Güterwagens Wachstum bezeugt haben. Solange der Transport freie Fahrt hatte, verspürte Herr Matzerath offenbar keine Schmerzen. Nur wenn der Zug hielt, weil wieder einmal Partisanen oder Jugendbanden eine Visite machen wollten, will er wieder den stechenden, ziehenden Schmerz erlitten haben, dem er, wie gesagt, mit dem schmerzstillenden Fotoalbum begegnete.

Zwei, drei Kilometer vor Stolp wurde der Transport auf ein Abstellgleis geschoben und blieb dort während der Nacht, die sternenklar, aber für den Monat Juni kühl gewesen sein soll.

In jener Nacht starb — wie Matzerath sagt — unanständig und laut Gott lästernd, die Arbeiterklasse zum Kampf aufrufend, mit letzten Worten — wie man es in Filmen zu hören bekommt — die Freiheit hochleben lassend, schließlich einem Brechanfall verfallend, der den Waggon mit Entsetzen füllte, jener Sozialdemokrat, der allzusehr an seinem einreihigen Anzug hing.

In Stolp wurde der Zug von polnischen Offizieren inspiziert. Gleichzeitig wurden warme Suppe und ein dem Malzkaffee ähnliches Getränk ausgeteilt. Die Leiche im Waggon des Herrn Matzerath beschlagnahmte man wegen Seuchengefahr, ließ sie von Sanitätern auf einem Gerüstbrett forttragen. Nach Fürsprache der Nonnen erlaubte ein höherer Offizier noch den Angehörigen ein kurzes Gebet. Auch durften dem toten Mann die Schuhe, Strümpfe und der Anzug ausgezogen werden. Mein Patient beobachtete während der Entkleidungsszene — später wurde die Leiche auf dem Brett mit leeren Zementsäcken zugedeckt — die Nichte des Entkleideten. Abermals erinnerte ihn das junge Mädchen, obgleich es Raeck hieß, heftig abstoßend und faszinierend zugleich, an jene Luzie Rennwand, die ich in Bindfaden nachbildete, als Knotengeburt, die Wurstbrotfresserin nenne. Jenes Mädchen im Waggon griff zwar nicht angesichts ihres ausgeplünderten Onkels zu einem wurstbelegten Brot und vertilgte das samt den Pellen, sie beteiligte sich vielmehr bei der Plünderei, erbte von des Onkels Anzug die Weste, zog die an Stelle ihrer entführten Strickjacke an und prüfte ihre neue, nicht einmal unkleidsame Aufmachung in einem Taschenspiegel, soll mit dem Spiegel — und hier begründet sich die heute noch nachwirkende Panik meines Patienten — ihn und seinen Liegeplatz eingefangen, gespiegelt und glatt, kühl mit Strichaugen aus einem Dreieck heraus beobachtet haben.

Die Fahrt von Stolp nach Stettin dauerte zwei Tage. Zwar gab es noch oft genug unfreiwilligen Aufenthalt und die langsam schon zur Gewohnheit werdenden Besuche jener mit Fallschirmjägermessern und Maschinenpistolen bewaffneten Halbwüchsigen, doch die Besuche wurden kürzer und kürzer, weil bei den Reisenden kaum noch etwas zu holen war.

Mein Patient behauptet, er habe während der Reise von Danzig-Gdansk nach Stettin, also innerhalb einer Woche, neun, wenn nicht zehn Zentimeter Körperlänge gewonnen. Vor allem sollen sich Ober- und Unterschenkel gestreckt, Brustkorb und Kopf jedoch kaum gedehnt haben. Dafür ließ sich, obgleich der Patient während der Reise auf dem Rücken lag, das Wachstum eines leicht nach links oben verlagerten Buckels nicht verhindern. Auch gibt Herr Matzerath zu, daß sich die Schmerzen hinter Stettin — inzwischen hatte deutsches Eisenbahnpersonal den Transport übernommen — steigerten und durch bloßes Blättern im Fotoalbum der Familie nicht in Vergessenheit zu bringen waren. Er hat mehrmals und anhaltend schreien müssen, bewirkte mit dem Geschrei zwar keine Schäden in irgendeiner Bahnhofsverglasung — Matzerath: meiner Stimme war jede glaszersingende Potenz abhanden gekommen —, versammelte aber die vier Nonnen mit seinem

Geschrei vor seinem Lager und ließ die aus dem Gebet nicht mehr herauskommen.

Die gute Hälfte der Mitreisenden, darunter die Angehörigen des verstorbenen Sozialdemokraten mit dem Fräulein Regina, verließen in Schwerin den Transport. Herr Matzerath bedauerte das sehr, da ihm der Anblick des jungen Mädchens so vertraut und notwendig geworden war, daß ihn nach ihrem Fortgang heftige, krampfartige Anfälle, von hohem Fieber begleitet, überfielen und schüttelten. Er soll, nach Aussagen von Frau Maria Matzerath, verzweifelt nach einer Luzie geschrien, sich selbst Fabeltier und Einhorn genannt und Angst vor dem Sturz, Lust zum Sturz von einem Zehnmetersprungbrett gezeigt haben.

In Lüneburg wurde Herr Oskar Matzerath in ein Krankenhaus eingeliefert. Dort lernte er im Fieber einige Krankenschwestern kennen, wurde aber bald darauf in die Universitätsklinik Hannover überwiesen. Dort gelang es, sein Fieber zu drücken. Frau Maria und ihren Sohn Kurt sah Herr Matzerath nur selten und erst wieder dann täglich, als sie eine Stellung als Putzfrau in der Klinik fand. Da es jedoch keinen Wohnraum für Frau Maria und den kleinen Kurt in der Klinik oder in der Nähe der Klinik gab, auch weil das Leben im Flüchtlingslager immer unerträglicher wurde — Frau Maria mußte tagtäglich drei Stunden in überfüllten Zügen, oft auf dem Trittbrett fahren; so weit lagen Klinik und Lager auseinander —, willigten die Ärzte trotz starker Bedenken in eine Überweisung des Patienten nach Düsseldorf in die dortigen Städtischen Krankenanstalten ein, zumal Frau Maria eine Zuzugsgenehmigung vorweisen konnte: ihre Schwester Guste, die während des Krieges einen dort wohnhaften Oberkellner geheiratet hatte, stellte Frau Matzerath ein Zimmer ihrer Zweieinhalbzimmerwohnung zur Verfügung, da der Oberkellner keinen Platz beanspruchte; er befand sich in russischer Gefangenschaft.

Die Wohnung lag günstig. Mit allen Straßenbahnen, die vom Bilker Bahnhof in Richtung Wersten und Benrath fuhren, konnte man bequem, ohne umsteigen zu müssen, die Städtischen Krankenanstalten erreichen. Herr Matzerath lag dort vom August fünfundvierzig bis zum Mai sechsundvierzig ..." Vor seiner Entlassung aus dem Krankenhaus wird Oskar von seinem Pfleger Bruno Münsterberg nochmals mit einem Zollstock gemessen. Bruno stellt fest, daß Oskar einen Meter und dreiundzwanzig mißt. In dieser Größe verläßt er als ein sprechender, zögernd schreibender, fließend lesender, zwar verwachsener, ansonsten aber ziemlich gesunder junger Mann die Städtischen Krankenanstalten Düsseldorf, um ein neues, nunmehr erwachsenes Leben zu beginnen.

DRITTES BUCH

Feuersteine und Grabsteine

Nachkriegszeit: Maria Matzerath leitet in der zweiten Etage eines vom Dach bis zum dritten Stockwerk abgebrannten Düsseldorfer Mietshauses eine Schwarzhändlerzentrale und verkauft Kunsthonig. Der sechsjährige Kurt, im Besitz einer guten Quelle für Feuersteine, betreibt mit diesen ein lukratives Geschäft.

Oskar, der nach dem Krankenhausaufenthalt wieder zu Kräften kommen will und Nutznießer der Schwarzmarktgeschäfte ist, besucht Volkshochschulkurse, ist Stammgast im British Center, diskutiert mit Katholiken und Protestanten die Kollektivschuld, liest viel und besucht eifrig das Theater, erlebt die Hoppe, Peter Esser, das R der Flickenschildt und Gründgens als Tasso und Hamlet.

Im Frühjahr siebenundvierzig gibt Oskar diese Beschäftigungen auf, verscheuert, als Maria ihm ständig Vorwürfe wegen seiner Untätigkeit macht („Du liegst uns auf der Tasche, Oskar. Fang etwas an: Tee, Kakao oder Trockenmilch!"), das Rubinkollier seiner Mutter gegen eine echtlederne Aktentasche und fünfzehn Stangen Lucky Strike, um damit seine Angehörigen zu entschädigen und tritt dann als Praktikant für hundert Reichsmark im Monat in das Steinmetzgeschäft P. Korneff ein. Als es sich jedoch zeigt, daß seine Kräfte für grobe Steinmetzarbeiten und das Setzen von Grabsteinen nicht ausreichen, wird er beim Schriftklopfen eingesetzt und leistet den ornamentalen Teil der Bildhauerarbeit, wobei er den Meister selbst übertrifft, bis schließlich auch er, als Anfang Oktober die Hochkonjunktur einsetzt, zu Versetzarbeiten auf dem Friedhof herangezogen wird.

Fortuna Nord

„Grabsteine konnten sich damals nur Leute leisten, die Wertvolles auf der Erdoberfläche zurückließen." Oskar und Korneff gelingt es, im Tauschgeschäft gegen Grabsteine sich Stoff für Anzüge zu beschaffen und sich Anzüge nach Maß schneidern zu lassen. In der neuen Kluft, geschmückt mit einer silbernen Krawattennadel mit Perle, präsentiert Oskar sich den Krankenschwestern und Pflegerinnen der Städtischen Krankenanstalten, die beim Anblick Oskars fast die Sprache verlieren. Mit Schwester Gertrud geht Oskar „schick" aus, in ein Tanzlokal, doch läßt sie ihn dort plötzlich sitzen.

Oskar meidet nun die Schwesternschaft der Krankenanstalten, verkehrt dafür um so mehr in dem Tanz- und Animierlokal „Löwenburg" und nimmt im strengen Winter siebenundvierzig/achtundvierzig den Kontakt mit Mädchen des Fernsprechamtes auf. Lukrative Grabsteinlieferungen an Bauern des linksrheinischen Braunkohlenreviers des Erftlandes („die acht gegen den Himmel dampfenden Kamine des Kraftwerkes Fortuna Nord") lassen Oskar die bisherigen Verbindungen aufgeben und an Heirat denken. Er macht Maria einen Heiratsantrag, den diese jedoch ablehnt.

Madonna 49

Die Ablehnung seines Heiratsantrags durch Maria zwingt Oskar, seine Absicht aufzugeben, ein guter Bürger zu werden, als Ehemann, Biedermann biedermeierliche Züge anzunehmen, einen Steinmetzbetrieb mit dreißig Gesellen, Handlangern, Lehrlingen zu leiten und Bürohochhäuser, Versicherungspaläste mit den beliebten Muschelkalk- und Travertinfassaden zu verkleiden. Statt dessen beschließt er, aus seinem Buckel, wenn auch kein Kapital, so doch seinen Lebensunterhalt zu schlagen.

Er kündigt Korneff und fällt der Kunst anheim: Malende, zeichnende, bildende Künstler der Kunstakademie erkennen in ihm ein Modell und bewegen ihn dazu, für eine Mark achtzig pro Stunde, als Aktmodell für zwei Mark pro Stunde Modell zu stehen.

Professor Kuchen behauptet, Oskar „drücke das zerstörte Bild des Menschen anklagend, herausfordernd, zeitlos und dennoch den Wahnsinn unseres Jahrhunderts ausdrückend aus" und ruft seinen Kunstschülern zu: „Zeichnet ihn nicht, den Krüppel, schlachtet ihn, kreuzigt ihn, nagelt ihn mit Kohle aufs Papier!"

Professor Maruhn, ein Liebhaber klassischer Formen, veranlaßt Oskar, ihm täglich fünf Stunden als Aktmodell für zwei Mark pro Stunde zu stehen.

Auch den Schülern Professor Maruhns, darunter mehreren Mädchen, steht Oskar, ohne sich zu genieren, Modell, schließlich den Malern zusammen mit einer Schneiderin namens Ulla, welche die Schneiderei aufgeben und dafür „in Kunst machen" will. „Man muß sich vorstellen, daß Ulla etwa einen Meter achtundsiebzig mißt, überschlank, lieblich und zerbrechlich ist und an Botticelli und Cranach gleichzeitig erinnert. Wir standen Doppelakt ... Sie schlafend, ich sie erschreckend: Faun und Nymphe.

Ich hockend, sie mit kleinen, immer ein wenig frierenden Brüsten über mich gebeugt, mein Haar streichelnd: Die Schöne und das Untier.

Sie liegend, ich zwischen ihren langen Beinen mit einer gehörnten Pferdemaske spielend: Die Dame und das Einhorn.

Ich auf Ullas leichtbeflaumtem linken Oberschenkel — nackt, ein verwachsenes Kindlein, als Jesus; sie gab die Madonna ab."

Dieses Bild wandert später durch viele Ausstellungen, heißt dort: Madonna 49 und wird von einem rheinischen Industriellen für gutes Geld gekauft.

Oskar und Ulla erhalten nunmehr pro Stunde Doppelakt zwei Mark fünfzig. Oskar wird schließlich als trommelnder Jesus der Madonna 49 auf den linken nackten Oberschenkel gemalt.

So sieht ihn Maria auf einem Kunstplakat, stellt ihn zur Rede, schlägt ihn mit dem Schullineal seines Sohnes Kurt, bezeichnet ihn als Ferkel, Hurenbock und verkommenes Subjekt, will das Saugeld, das er mit dieser Schweinerei verdient, nicht mehr annehmen, nimmt es aber dann doch und überredet Oskar, der die Wohngemeinschaft mit Maria, ihrer Schwester Guste und seinem Sohn Kurt zu kündigen sich entschließt, ein Zimmer in ihrer und Kurtchens Nähe, auf jeden Fall in Düsseldorf, zu mieten.

Der Igel

Oskar als Untermieter bei dem „Igel" Zeidler, Jülicher Straße 7. Als Oskar mit seinem Gepäck einzieht, fragt ihn Zeidler: „Was ham Se denn da baumeln, am Koffer?"

„Das ist meine Blechtrommel."

„Denn wollen Se also hier trommeln?"

„Nicht unbedingt. Früher trommelte ich häufig."

„Und warum sind Se so klein geblieben, na?"

„Ein unglücklicher Sturz hemmte mein Wachstum."

„Daß Se mir bloß keine Scherereien machen, mit Anfällen und sowas!"

„Während der letzten Jahre hat sich mein Gesundheitszustand mehr und mehr gebessert. Schauen Sie nur, wie beweglich ich bin!"

Da machte Oskar Herrn und Frau Zeidler einige Sprünge und beinahe akrobatische Übungen, die er während seiner Fronttheaterzeit gelernt hatte, vor, machte sie zu einer kichernden Frau Zeidler, ihn zu einem Igel, der sich auf die Schenkel schlug . . ."

Untermieterin bei Zeidlers ist auch Krankenschwester Dorothea Köngetter, der natürlicherweise Oskars besonderes Interesse gilt; er inspiziert vor allem die Post, die sie empfängt, voller Eifersucht auf einen gewissen Dr. Erich Weber, Arzt im Marienhospital, der Schwester Dorothea mehrere Briefe schreibt.

Im Kleiderschrank

Oskar und Ulla stehen den Schülern der Kunstakademie wieder Modell. Sie werden „abstrakt" dargestellt, man hebt ihre Gegenständlichkeit auf. Professor Kuchens und Maruhns Meisterschüler Raskolnikoff malt Ulla als Europa und Oskar als Stier: „Die Entführung der Europa". Danach das Bild „Der Narr heilt die Krankenschwester", das Oskar lieber „Die Versuchung" genannt hätte.

Die Versuchung bewegt ihn dazu, in Schwester Dorotheas Zimmer einzudringen. Er inspiziert ihre Toilettenutensilien, den Inhalt ihres Kleiderschrankes, verkriecht sich in diesen und gibt sich darin einem Exzeß hin.

Klepp

In Schwester Dorotheas Zimmer kann Oskar keinen Hinweis auf nähere Beziehungen des gewissen Dr. Werner zu Schwester Dorothea finden. Auch ein neu eintreffender Brief, den Oskar öffnet, verrät nichts über das Verhältnis zwischen Arzt und Krankenschwester. Oskar ist zufrieden. Er läßt sich von Raskolnikoff als Odysseus malen, der heimkehrend seine Penelope mit einem Buckel beschenkt. Ein weiterer Untermieter bei Zeidlers ist ein Herr Münzer, von Oskar Klepp genannt: „Jener Herr Münzer oder Klepp, wie ich ihn heute nenne, ein dicklich fauler, trotzdem nicht unbeweglicher, leicht schwitzender, abergläubischer, ungewaschener, dennoch nicht verkommener, stets am Sterben verhinderter Flötist und Jazzklarinettist hatte und hat den Geruch einer Leiche an sich, die nicht aufhören kann, Zigaretten zu rauchen, Pfefferminz zu lutschen und Knoblauchdünste auszuscheiden." Besagter Klepp fault in den Überresten seines Bettes, lebt von Spaghetti, die er sich auf einem altmodischen Spirituskocher in einer salzigen Brühe kocht, veranlaßt Oskar, mit ihm Spaghetti zu essen, konzertiert mit ihm (Oskar trommelt, Klepp flötet) und schlägt, nachdem er sein Bett verlassen hat („Leichengerüche folgten ihm") und eine gründliche „Waschung" vorgenommen hat, Oskar vor, mit ihm eine Jazzkapelle zu begründen. Nach einer Bedenkzeit stimmt Oskar zu und beschließt, Schlagzeuger einer Jazz-Band zu werden.

Auf dem Kokosteppich

Oskar und Klepp auf der Suche nach einem Gitarristen, den sie schließlich in einem Mann namens Scholle finden und mit dem sie die Kapelle „The Rhine River Three" gründen.

Groteske Szene zwischen Oskar, der in der Nacht keinen Schlaf finden kann, und Schwester Dorothea, die er auf der Toilette überrascht, auf einem von Zeidler erworbenen Kokosläufer im Korridor der Zeidlerschen Wohnung. Oskar erlebt als „Satan" trotz Schwester Dorotheas widerstrebender Bereitschaft eine beschämende Pleite.

Im Zwiebelkeller

Oskar, Klepp und Scholle als Musiker im „Zwiebelkeller" des Sperlinge schießenden Gastwirts Ferdinand Schmuh.

Lage und Einrichtung des „Zwiebelkellers".

Die Gäste des „Zwiebelkellers".

Das zeremonielle Zwiebelessen.

Die Reaktion der Gäste.

Orgienhafte Ausbrüche.

Oskar trommelt die lallenden, weinenden, Höschen nässenden Gäste zum „Zwiebelkeller" hinaus.

Am Atlantikwall, oder es können die Bunker ihren Beton nicht loswerden

Schmuh engagiert einen Stehgeiger, läßt aber schließlich die drei Musiker bei erhöhter Gage doch wieder dreimal wöchentlich im „Zwiebelkeller" spielen, weil die besten Gäste andernfalls fernzubleiben drohen.

Oskar legt sich ein Sparbuch an.

Ferdinand Schmuh verunglückt tödlich mit seinem Mercedes.

Ein ehemaliger Gast des „Zwiebelkellers", Dr. Dösch, der eine Konzertagentur leitet, bietet Oskar einen lukrativen Vertrag für eine Konzerttournee an. Oskar will aber zuvor eine Reise machen. Mit Maler Lankes reist er in die Normandie.

Ziel: Die von den letzten Kriegsereignissen her bekannte Atlantikküste an der Ornemündung, Bunker Dora sieben.

Das Kabeljauessen mit Lankes.

Besichtigung und Besucher des Bunkers Dora sieben.

Der Ringfinger

Oskar begibt sich zur Konzertagentur „West".

„Dr. Dösch empfing mich mit offenen Armen. Oskar war froh, daß er ihn nicht an sich drückte. Die Schreibmaschine eines grünen Pullover-mädchens schwieg, als ich eintrat, holte dann alles nach, was sie meines Eintritts wegen versäumt hatte. Dösch meldete mich beim Chef an. Oskar nahm Platz auf dem vorderen linken Sessel eines englischrot gepolsterten Sessels. Dann tat sich eine Flügeltür auf, die Schreib-maschine hielt Luft an, ein Sog nahm mich vom Polster, die Türen schlossen sich hinter mir, ein Teppich floß durch einen lichten Saal, der Teppich nahm mich mit, bis ein Stahlmöbel mir sagte: jetzt steht Oskar vorm Schreibtisch des Chefs, wieviel Zentner mag er wiegen? Ich erhob meine blauen Augen, suchte den Chef hinter der unendlich leeren Eichenholzfläche und fand, in einem Rollstuhl, der sich gleich einem Zahnarztstuhl hochschrauben und schwenken ließ, meinen ge-lähmten, nur mit den Augen und Fingerspitzen noch lebenden Freund und Meister Bebra.

Ach ja, seine Stimme gab es noch! Aus Bebra heraus sprach es: ‚So sieht man sich wieder, Herr Matzerath. Sagte ich nicht schon vor Jah-ren, da Sie es noch vorzogen, als Dreijähriger dieser Welt zu begegnen: Leute wie wir können sich nicht verlieren?! — Allein, ich stelle zu meinem Bedauern fest, daß Sie Ihre Proportionen unvernünftig stark und unvorteilhaft verändert haben. Maßen Sie seinerzeit nicht knappe vierundneunzig Zentimeter?'

Ich nickte und war dem Weinen nahe. An der Wand, hinter dem gleich-mäßig surrenden, von einem Elektromotor betriebenen Rollstuhl des Meisters hing als einziger Bildschmuck das barockgerahmte lebens-große Brustbild meiner Roswitha, der großen Raguna. Ohne meinem Blick zu folgen, doch um das Ziel meines Blickes wissend, sprach Bebra mit nahezu unbeweglichem Mund: ‚Ach ja, die gute Roswitha! Ob ihr der neue Oskar gefiele? Wohl kaum. Sie hatte es mit einem anderen Oskar, mit einem dreijährigen, pausbäckigen und dennoch recht liebestollen Oskar. Sie betete ihn an, wie sie mir mehr verkündete, denn gestand. Er jedoch wollte ihr eines Tages keinen Kaffee holen, da holte sie ihn selbst und kam dabei ums Leben. Das ist, soviel ich weiß, nicht der einzige Mord, den jener pauspäckige Oskar verübte. War es nicht so, daß er seine arme Mama ins Grab trommelte?'

Ich nickte, konnte Gott sei Dank weinen und hielt die Augen in Rich-tung Roswitha. Da holte schon Bebra zum nächsten Schlage aus: ‚Und wie verhielt es sich mit jenem Postbeamten Jan Bronski, den der drei-jährige Oskar seinen mutmaßlichen Vater zu nennen beliebte? — Er überantwortete ihn den Schergen. Die schossen ihm in die Brust. Viel-leicht können Sie, Herr Oskar Matzerath, der Sie in neuer Gestalt auf-zutreten wagen, mir darüber Auskunft geben, was aus des dreijährigen

Blechtrommlers zweitem mutmaßlichen Vater, aus dem Kolonialwaren-händler Matzerath wurde?'

Da gestand ich auch diesen Mord ein, gab zu, mich vom Matzerath befreit zu haben, schilderte seinen von mir herbeigeführten Erstickungs-tod, versteckte mich nicht mehr hinter jener russischen Maschinen-pistole, sondern sagte: ‚Ich war es, Meister Bebra. Das tat ich, und das tat ich auch, diesen Tod verursachte ich, selbst an jenem Tod bin ich nicht unschuldig — Erbarmen!'

Bebra lachte. Ich weiß nicht, womit er lachte. Sein Rollstuhl zitterte, Winde wühlten in seinem weißen Gnomenhaar über jenen hundert-tausend Fältchen, die sein Gesicht ausmachten.

Noch einmal flehte ich dringlich um Erbarmen, gab dabei meiner Stimme eine Süße, von der ich wußte, daß sie wirkte, warf auch meine Hände, von denen ich wußte, daß sie schön waren und gleichfalls wirkten, vors Gesicht: ‚Erbarmen, lieber Meister Bebra! Erbarmen!'

Da drückte er, der sich zu meinem Richter gemacht hatte und diese Rolle vortrefflich spielte, auf ein Knöpfchen jenes elfenbeinfarbenen Schaltbrettchens, das er zwischen Knien und Händen hielt.

Der Teppich hinter mir brachte das grüne Pullovermädchen. Eine Mappe hielt sie, breitete die auf jener Eichenholzplatte aus, die etwa in Höhe meines Schlüsselbeines auf Stahlrohrgeschlinge stand und mir nicht erlaubte, einzusehen, was das Pullovermädchen ausbreitete. Einen Füllfederhalter reichte sie mir: Es galt Bebras Erbarmen mit einer Unterschrift zu erkaufen.

Dennoch wagte ich in Richtung Rollstuhl Fragen zu stellen. Es fiel mir schwer, an jener Stelle, die ein lackierter Fingernagel bezeichnete, blindlings meine Signatur hinzusetzen.

‚Das ist ein Arbeitsvertrag', ließ Bebra hören. ‚Es bedarf Ihres vollen Namens. Schreiben Sie Oskar Matzerath, damit wir wissen, mit wem wir es zu tun haben.'

Gleich nachdem ich unterschrieben hatte, verfünffachte sich das Brum-men des Elektromotors, ich riß den Blick von der Füllfeder fort und sah gerade noch, wie ein schnellfahrender Rollstuhl, der während der Fahrt kleiner wurde, sich zusammenfaltete, übers Parkett durch eine Seitentür verschwand.

Manch einer mag nun glauben, daß jener Vertrag in doppelter Aus-fertigung, den ich zweimal unterschrieb, meine Seele erkaufte oder Oskar zu schrecklichen Missetaten verpflichtete. Nichts davon! Als ich mit Hilfe des Dr. Dösch im Vorzimmer den Vertrag studierte, verstand ich schnell und mühelos, daß Oskars Aufgabe darin bestand, alleine mit seiner Blechtrommel vor dem Publikum aufzutreten, daß ich so trommeln mußte, wie ich es als Dreijähriger getan hatte und später noch einmal in Schmuhs Zwiebelkeller. Die Konzertagentur verpflichtete sich, meine Tourneen vorzubereiten, erst einmal auf die Werbetrommel zu schlagen, bevor ,Oskar der Trommler' mit seinem Blech auftrat.

Während die Werbung anlief, lebte ich von einem zweiten generösen Vorschuß, den mir die Konzertagentur ,West' gewährte. Dann und wann suchte ich das Bürohochhaus auf, stellte mich Journalisten, ließ mich fotografieren, verirrte mich einmal in dem Kasten, der überall gleich roch, aussah und sich anfaßte wie etwas höchst Unanständiges, das man mit einem unendlich dehnbaren, alles isolierenden Präservativ überzogen hatte. Dr. Dösch und das Pullovermädchen behandelten mich zuvorkommend, nur den Meister Bebra bekam ich nicht mehr zu Gesicht . . .''

Oskar bringt nun mehrere Tourneen erfolgreich hinter sich und nutzt seine Erfolge sofort aus, um nach der Art aller Show-Stars Schallplatten herauszugeben, die weggehen wie warme Semmeln. Oskar wird reich. Er kauft Maria ein modern eingerichtetes Feinkostgeschäft. Als er von seiner siebenten oder achten Tournee zurückkommt, ist Meister Bebra tot. Um ihn trauernd, leiht sich Oskar einen kräftigen, etwas zu fetten, schwarzglänzenden Rottweiler namens Lux, mit dem er einsame Spaziergänge macht. Eines Tages stöbert Lux in einem Roggenfeld einen beringten weiblichen Finger auf.

,,Es war ein Finger. Ein weiblicher Finger. Ein Ringfinger. Ein weiblicher Ringfinger. Ein geschmackvoll beringter weiblicher Finger. Zwischen dem Mittelhandknochen und dem ersten Fingerglied, etwa zwei Zentimeter unterhalb des Ringes, hatte sich der Finger abhacken lassen. Ein sauberes und deutlich ablesbares Segment bewahrte die Flechse des Fingerstreckers.

Es war ein schöner, beweglicher Finger. Den Edelstein des Ringes, den sechs goldene Krallen hielten, nannte ich sogleich und, wie sich später herausstellen sollte, treffend einen Aquamarin. Der Ring selbst erwies sich an einer Stelle als so dünn, daß ich ihn als Erbstück wertete. Obgleich Dreck oder, besser gesagt, Erde unter dem Fingernagel einen Rand zeichnete, als hätte der Finger Erde kratzen oder graben müssen, erweckten Schnitt und Nagelbett des Fingernagels einen gepflegten Eindruck. Sonst fühlte sich der Finger, nachdem ich ihn dem Hund aus der warmen Schnauze genommen hatte, kalt an; auch gab die ihm eigene, gelbliche Blässe der Kälte recht.

Oskar trug seit Monaten links außen im Brusttäschchen ein dreieckig hervorlugendes Kavalierstüchlein. Dieses Stück Seide zog er hervor, breitete es aus, bettete den Ringfinger darin, erkannte, daß die Innenseite des Fingers bis hoch ins dritte Glied Linien zeichneten, die auf Fleiß, Strebsamkeit, auch auf ehrgeizige Beharrlichkeit des Fingers schließen ließen.

Nachdem ich den Finger im Tüchlein versorgt hatte, erhob ich mich von der Kabelrolle, tätschelte den Hals des Hundes Lux, machte mich mit Tüchlein und Finger in dem Tüchlein in rechter Hand auf, wollte nach Gerresheim, nach Hause, hatte mit dem Fund dieses und jenes vor, kam auch bis zu dem nahen Zaun eines Schrebergartens — da sprach mich Vittlar an, der in der Astgabel eines Apfelbaumes lag und mich, auch den apportierenden Hund beobachtet hatte.''

Die letzte Straßenbahn oder Anbetung eines Weckglases

,,Schon alleine seine Stimme: dieses hochmütige, geschraubte Näseln. Er lag in der Gabel des Apfelbaumes und sagte: ,Sie halten sich einen tüchtigen Hund, mein Herr!'

Ich darauf, etwas fassungslos: ,Was machen Sie da auf dem Apfelbaum?' Er zierte sich in der Astgabel, räkelte seinen langen Oberkörper: ,Nur Kochäpfel sind es, fürchten Sie bitte nichts.'

Da mußte ich ihn zurechtweisen: ,Was gehen mich Ihre Kochäpfel an? Was habe ich zu befürchten?'

,Nun', züngelte er, ,Sie könnten mich für die paradiesische Schlange halten, denn auch damals gab es schon Kochäpfel.'

Ich wütend: ,Allegorisches Geschwätz!'

Er überschlau: ,Ja glauben Sie etwa, nur Tafelobst ist eine Sünde wert?' Schon wollte ich mich davonmachen. Nichts wäre mir in jenem Moment unerträglicher gewesen als eine Diskussion über die Obstsorten des Paradieses. Da kam er mir direkt, sprang behende aus der Astgabel, stand lang und windig am Zaun: ,Was war es denn, was Ihr Hund aus dem Roggen brachte?'

Warum antwortete ich nur: ,Einen Stein brachte er.'

Das artete zu einem Verhör aus: ,Und Sie steckten den Stein in die Tasche?'

,Ich trage gerne Steine in der Tasche.'

,Mir sah, was der Hund Ihnen brachte, eher wie ein Stöckchen aus.'

,Ich bleibe bei Stein, und wenn es zehnmal ein Stöckchen ist oder sein könnte.'

‚Also doch ein Stöckchen?'

‚Von mir aus: Stock oder Stein, Kochäpfel oder Tafelobst . . .'

‚Ein bewegliches Stöckchen?'

‚Den Hund zieht es heim, ich gehe!'

‚Ein fleischfarbenes Stöckchen?'

‚Passen Sie lieber auf Ihre Äpfel auf! — Komm Lux!'

‚Ein beringtes, fleischfarbenes und bewegliches Stöckchen?'

‚Was wollen Sie von mir? Ich bin ein Spaziergänger, der sich einen Hund ausgeliehen hat.'

‚Sehen Sie, auch ich möchte mir etwas ausleihen. Dürfte ich eine Sekunde lang jenen hübschen Ring über meine kleinen Finger streifen, der an Ihrem Stöckchen glänzte und das Stöckchen zu einem Ringfinger machte? — Vittlar, mein Name. Gottfried von Vittlar. Ich bin der Letzte unseres Geschlechtes.'

So machte ich Vittlars Bekanntschaft, schloß noch am selben Tage mit ihm Freundschaft, nenne ihn heute noch meinen Freund und sagte deshalb vor einigen Tagen — er besuchte mich — zu ihm: ‚Ich bin froh, lieber Gottfried, daß du, mein Freund, damals die Anzeige bei der Polizei machtest und nicht irgendein x-beliebiger Mensch.'

Wenn es Engel gibt, sehen sie sicher aus wie von Vittlar: lang, windig, lebhaft, zusammenklappbar, eher die unfruchtbarste aller Straßenlaternen umarmend als ein weiches, zuschnappendes Mädchen.

Man bemerkt Vittlar nicht sogleich. Eine bestimmte Seite zeigend, kann er, je nach Umgebung, zum Faden, zur Vogelscheuche, zum Garderobenständer, zu einer liegenden Astgabel werden. Deshalb fiel er mir auch nicht auf, als ich auf der Kabeltrommel saß und er im Apfelbaum lag. Selbst der Hund bellte nicht; weil Hunde einen Engel weder wittern noch sehen noch anbellen können.

‚Sei doch so gut, lieber Gottfried', bat ich ihn vorgestern, ‚und schicke mir eine Abschrift jener Anzeige vor Gericht, die du vor etwa zwei Jahren machtest, die meinen Prozeß auslöste.' "

Die gerichtliche Anzeige Gottfried von Vittlars schilderte ausführlich den von ihm beobachteten Fund des Ringfingers am siebenten Juli neunzehnhunderteinundfünfzig, dann seinen einige Tage später erfolgten Besuch in der Wohnung Oskar Matzeraths, wo ihm dieser in der Kammer der Schwester Dorothea ein auf der Marmorplatte einer Waschkommode stehendes Weckglas zeigt, in dem sich der in Spiritus schwimmende Ringfinger, der von Oskar selbst konserviert worden ist, befindet. Gottfried von Vittlar notiert die Worte der Anbetung des Weckglases, die Oskar Matzerath verworren daherstammelt, weil die Angaben über die Besitzerin des Ringfingers sich mit den gerichtlichen Angaben über die Ermordete, die Krankenschwester Dorothea Köngetter, decken.

Der Bericht Gottfried von Vittlars schildert ferner den Ablauf einer nächtlichen Straßenbahnfahrt, bei der er selber wider Willen zu einem Straßenbahnführer wird, der einen zum Tode Verurteilten und zwei Henker mit Erschießungsbefehl nach Gerresheim führt. Nach der durch Oskars Trommelei verhinderten Erschießung des Delinquenten, den Oskar Viktor nennt und in dem er den Geldbriefträger der Polnischen Post in Danzig erkennt, läßt Gottfried von Vittlar Oskar im Schrebergartengebiet von Gerresheim zurück, nachdem dieser ihm das bis dahin in einer Aktentasche mitgeführte Weckglas mit dem Ringfinger mit der Bitte aufgedrängt hat, Vittlar möge nun endlich damit zum Polizeipräsidium fahren, das Weckglas dort abliefern und Anzeige erstatten. Das tut dieser auch, — „ich aber, Oskar, der gütige Herr Matzerath, lag lachend im nachtschwarzen Gras hinter Gerresheim, wälzte mich lachend unter einigen sichtbaren todernsten Sternen, wühlte meinen Buckel ins warme Erdreich, dachte: Schlaf, Oskar, schlaf noch ein Stündchen, bevor die Polizei erwacht. So frei liegst du nie mehr unter dem Mond."

Da aber zu jeder echten Anzeige auch eine echte Flucht gehört, beschließt Oskar, sich auf- und davonzumachen: „Sie werden dich hier oder dort fangen, aber das kann dir gleichgültig sein."

Dreißig

Als Oskar floh, zählte er achtundzwanzig Jahre. Jetzt — heute — begeht er seinen dreißigsten Geburtstag. Und gerade an diesem Tag erscheint sein Anwalt, schwenkt ein Papier und ruft aus: „Das nenne ich einen glücklichen Zufall. Mein Klient feiert seinen dreißigsten Geburtstag; und just an diesem Tag kommt mir die Nachricht zu, daß der Ringfingerprozeß wieder aufgenommen wird, man hat eine neue Spur gefunden, diese Schwester Beate . . ."

„Sie also, die Schwester Beate, soll meine Schwester Dorothea aus dottergelber Eifersucht ermordet haben.

Vielleicht erinnern Sie sich noch? Es gab da einen Doktor Werner, der, wie es im Film und im Leben allzuoft vorkommt, zwischen den beiden Krankenschwestern stand. Eine üble Geschichte: Die Beate liebte den Werner. Der Werner jedoch liebte die Dorothea. Die Dorothea hingegen liebte niemand oder allenfalls heimlich den kleinen Oskar. Da wurde der Werner krank. Die Dorothea pflegte ihn, weil er auf ihrer Station lag. Das konnte die Beate schlecht ansehen und dulden. Deswegen soll sie die Dorothea zu einem Spaziergang überredet, in einem Roggenfeld nahe Gerresheim getötet oder, besser gesagt, beseitigt haben. Nun durfte die Beate den Werner ungestört pflegen. Sie soll ihn aber so gepflegt haben, daß er nicht gesund wurde, sondern im Gegenteil. Sagte sich die liebestolle Pflegerin womöglich: Solange er krank ist, gehört er mir. Gab sie ihm zuviel Medikamente? Jedenfalls starb der Doktor Werner an zuviel oder an falschen Medikamenten, die Beate jedoch gestand vor Gericht weder falsch noch zuviel noch jenen Spaziergang ins Roggenfeld ein, der zu Schwester Dorotheas letztem Spaziergang wurde. Oskar aber, der auch nichts eingestand, doch ein belastendes Fingerchen im Weckglas besaß, verurteilten sie des Roggenfeldes wegen, nahmen ihn aber nicht für voll und lieferten mich in die Heil- und Pflegeanstalt zur Beobachtung ein. Allerdings floh Oskar, bevor sie ihn verurteilten und einlieferten, denn ich wollte durch meine Flucht den Wert jener Anzeige, die mein Freund Gottfried machte, erheblich steigern.

Heute bin ich dreißig Jahre alt, habe Flucht und Prozeß zwar hinter mir, doch jene Furcht, die ich mir auf der Flucht einredete, ist geblieben . . .

Heute bin ich dreißig Jahre alt, soll jetzt durch die Wiederaufnahme des Prozesses, durch den zu erwartenden Freispruch zum Laufen gebracht, in Eisenbahnen, Straßenbahnen dem Text ausgesetzt werden: Ist die Schwarze Köchin da? Jajaja!" Diese Furcht vor der Schwarzen Köchin, diese Lebensangst, die Oskar Matzerath schon immer begleitet hat, bleibt ihm und läßt ihn nicht mehr los:

> Schwarz war die Köchin hinter mir immer schon.
> Daß sie mir nun auch entgegenkommt, schwarz.
> Wort, Mantel wenden ließ, schwarz.
> Mit schwarzer Währung zahlt, schwarz.

Als er in Paris auf der Rolltreppe der Metrostation Maison Blanche unter dem Namen Oskar Matzerath, obwohl er den Kriminalbeamten zuerst auf deutsch: „Ich bin Jesus!", dasselbe auf französisch, dann auf englisch: „I am Jesus!" zugerufen hat, verhaftet und zum Kastenwagen der Polizei geführt wird, erkennt er im Gedränge der Menschenmenge das schrecklich ruhige Antlitz der Schwarzen Köchin.

So bekennt Oskar, der auf sein vergangenes Leben zurückblickt und seit seinem dreißigsten Geburtstag einem neuen entgegensieht: „Was soll ich noch sagen: Unter Glühbirnen geboren, im Alter von drei Jahren

vorsätzlich das Wachstum unterbrochen, Trommel bekommen, Glas zersungen, Vanille gerochen, in Kirchen gehustet, Luzie gefüttert, Ameisen beobachtet, zum Wachstum entschlossen, Trommel begraben, nach Westen gefahren, den Osten verloren, Steinmetz gelernt und Modell gestanden, zur Trommel zurück und Beton besichtigt, Geld verdient und den Finger gehütet, den Finger verschenkt und lachend geflüchtet, aufgefahren, verhaftet, verurteilt, eingeliefert, demnächst freigesprochen, feiere ich heute meinen dreißigsten Geburtstag und fürchte mich immer noch vor der Schwarzen Köchin — Amen."

Ist die Schwarze Köchin da? Ja — ja — ja!

OSKAR MATZERATH ÜBER SICH SELBST

„Ich war ein schönes Kind. Die Aufnahme wurde Pfingsten fünfund-
zwanzig gemacht. Acht Monate war ich alt und zwei Monate jünger als
Stephan Bronski, der auf der nächsten Seite im gleichen Format abgebildet ist und unbeschreibliche Gewöhnlichkeit ausstrahlt. Nackt und
den Dotter versinnbildlichend, liege ich bäuchlings auf weißem Fell,
das irgendein arktischer Eisbär für einen auf Kinderfotos spezialisierten
osteuropäischen Berufsfotografen gestiftet haben muß. Während mein
glatter, gesunder Körper in platter Ruhe leicht diagonal auf dem Fell
ruht und die polarische Heimat des Eisbären auf sich wirken läßt, halte
ich den platzrunden Kinderkopf angestrengt hoch, blicke den jeweiligen
Beschauer meiner Nacktheit mit Glanzlichtaugen an ..." (Das Fotoalbum)

„Da habe ich sie, die Trommel. Da hängt sie mir gerade, neu und
weiß-rot gezackt vor dem Bauch. Da kreuze ich selbstbewußt und unter
ernst entschlossenem Gesicht hölzerne Trommelstöcke auf dem Blech.
Da habe ich einen gestreiften Pullover an. Da stecke ich in glänzenden
Lackschuhen. Da stehen mir die Haare wie eine putzsüchtige Bürste
auf dem Kopf, da spiegelt sich in jedem meiner blauen Augen der
Wille zu einer Macht, die ohne Gefolgschaft auskommen sollte ... Da
sagte, da entschloß ich mich, da beschloß ich, auf keinen Fall Politiker
und schon gar nicht Kolonialwarenhändler zu werden, vielmehr einen
Punkt zu machen, so zu verbleiben — und ich blieb so, hielt mich in
dieser Größe, in dieser Ausstattung viele Jahre lang ..." (Das Fotoalbum)

„Oskar hat schöne, sprechende Hände, ein leichtes, welliges Haar und
— blau genug — jene immer noch gewinnenden Bronskiaugen. Mag
sein, daß mein Buckel und der unter dem Kinn ansetzende, gleichviel
gewölbte wie enge Brustkorb gegensätzlich genug die Schönheit meiner
Hand, meines Auges, das Gefällige meines Haarwuchses unterstreichen,
jedenfalls kam es oft genug vor, daß Krankenschwestern, in deren
Stationszimmer ich saß, meine Hände ergriffen, mit all meinen Fingern
spielten, auch dem Haar zärtlich waren und im Hinausgehen zueinander
sagten: Wenn man ihm in die Augen sieht, könnt' man das andere an
ihm glatt vergessen ..." (Feuersteine und Grabsteine)

„Ich erklärte, daß ein Buckel nicht unbedingt stören müsse, daß ich
ihm gewissermaßen überlegen sei, daß es sogar Frauen und Mädchen
gebe, die nach einem Buckel Verlangen zeigten, die sich den beson-

deren Verhältnissen und Möglichkeiten eines buckligen Mannes sogar anglichen, die rundheraus gesagt, an solch einem Buckel Spaß fänden ..., denen es schwer fiel, meinen Buckel nicht streicheln zu dürfen; denn allen Frauen bedeutet Buckelstreicheln Glück ..." (Feuersteine und Grabsteine)

„Als Korneff und Oskar die Anzüge abholten, standen wir uns vor dem Spiegel der Schneiderwerkstatt verlegen und dennoch voneinander beeindruckt gegenüber. Mir gab das neue Gewand, besonders wenn ich die Arme vor dem Brustkorb verschränkte, dadurch meine oberen horizontalen Ausmaße vergrößerte, das rechte schmächtige Bein als Standbein benutzte, das linke lässig winkelte, etwas dämonisch Intellektuelles. Lächelnd Korneff und sein Erstaunen genießend, näherte ich mich dem Spiegel, stand jener von meinem verkehrten Konterfei beherrschten Fläche so nahe, daß ich sie hätte küssen können, hauchte mich aber nur an und sagte so nebenbei: ‚Hallo, Oskar! Es fehlt dir noch eine Krawattennadel.' "

„Als ich eine Woche später, an einem Sonntagnachmittag, die Städtischen Krankenanstalten betrat, meine Pflegerinnen besuchte, mich neu, eitel und tipptopp von allen meinen besten Seiten zeigte, war ich schon Besitzer einer silbernen Krawattennadel mit Perle ..." (Fortuna Nord)

Bericht des Pflegers Bruno Münsterberg, den dieser auf Bitten Oskar Matzeraths niederschreibt:

„Oskar mißt jetzt einen Meter und einundzwanzig Zentimeter. Er trägt seinen Kopf, der selbst für normal gewachsene Personen zu groß wäre, zwischen den Schultern auf nahezu verkümmertem Hals. Brustkorb und der als Buckel zu bezeichnende Rücken treten hervor. Er blickt aus starkleuchtenden, klug beweglichen, manchmal schwärmerisch geweiteten blauen Augen. Nicht wächst sein leicht gewelltes dunkelbraunes Haar. Gerne zeigt er seine im Verhältnis zum übrigen Körper kräftigen Arme mit den — wie er selber sagt — schönen Händen. Besonders wenn Herr Oskar Matzerath trommelt — was ihm die Anstaltsleitung drei bis allenfalls vier Stunden täglich erlaubt —, wirken seine Finger wie selbständig und zu einem anderen, gelungeneren Körper gehörend. Herr Matzerath ist durch Schallplatten sehr reich geworden und verdient heute noch an den Platten. Interessante Leute suchen ihn an den Besuchstagen auf. Noch bevor sein Prozeß lief, bevor er bei uns eingeliefert wurde, kannte ich seinen Namen, denn Oskar Matzerath ist ein prominenter Künstler ..." (Wachstum im Güterwagen)

DER ROMAN „DIE BLECHTROMMEL" —
EIN INTELLEKTUELLER SPASS

Bei der Betrachtung des Romans „Die Blechtrommel" von Günter Grass gehen wir aus von der Kritik, die Günter Blöcker am 28. 11. 1959 in der „Frankfurter Allgemeinen Zeitung" hat erscheinen lassen. Sie lautet auszugsweise: „Grass geht, was dies anlangt, in seinem Roman noch radikaler vor als in seiner Lyrik. Indem er die Welt aus der Sicht eines trommelschlagenden Kretins beschreibt, wählt er eine Perspektive, die von vornherein jede Verzerrung legitimiert. Ja, die Möglichkeiten lustvoller Deformation sind noch weiter gestuft und verfeinert: Denn dieser quäkende Gnom, der mit magischer Stimmkraft jedes Glas zu brechen imstande ist (ausgenommen das von Kirchenfenstern!), ist ein freiwillig Zurückgebliebener, einer, der sich durch einen Willensakt vorsätzlich im Stande eines bettnässenden, schmuddligen Kindermund verzapfenden Dreijährigen hält. Wir haben es hier — und das ist von einer bravourösen Widerwärtigkeit — mit einer totalen Existenzkarikatur zu tun: mit einem nicht nur frohlockend auf sich genommenen, sondern vollbewußt herbeigeführten Kretinismus, mit einer wütenden Intelligenz, die sich unter schnarrendem Gelächter in einen Froschleib zurückzieht, jede Verantwortung von sich weisend, nur bereit, zu schnuppern und zu schmatzen, zu kleckern und sabbern, auf eine Kindertrommel zu schlagen und Schaufensterscheiben oder Einmachgläser zerscherben zu lassen. Die Rückkehr zur Nabelschnur als Programm eines totalen, höchst mit sich zufriedenen, höchst vergnügten Nihilismus!

Wie dem auch sei, man darf Günter Grass bescheinigen, daß ihm mit seinem Oskar Matzerath, der uns da — von der Wiege in einem Danziger Kolonialwarenladen bis zur wohlverdienten Zelle in einer Heil- und Pflegeanstalt — seine krause Biographie, versetzt mit Zeitgeschichte, ins Ohr trommeln darf, eine allegorische Figur von schwer zu überbietender Scheußlichkeit gelungen ist. Der fanatische Säugling und Wechselbalg aus freien Stücken, der im Kleiderschrank oder unter der Tischdecke Beobachtungsposten bezieht, um als kindlicher Voyeur verächtlich und genießerhaft zugleich die Zoologie der Erwachsenen zu studieren, vereinigt sich mit dem besessenen Trommler zu einer gezielten Schöpfung, die dem Leser zu schaffen macht. Kleinbürgerliche Verkommenheit; der braune Marschtritt; der Infantilismus einer Epoche, die Umgang mit dem Äußersten pflegt, aber unfähig der bescheidensten Menschlichkeit ist — solche und andere Assoziationen stellen sich ein.

Freilich, ohne auch nur einmal jene Höhe eines erhabenen Schreckens zu erreichen, wo das Geschehen, bei aller schändlichen Komik, ins Tragische umschlüge und damit sinnvoll würde.

Sinnvoll, das hieße: wo es kathartische Wirkung erreichte. Doch die bleibt aus, die Lektüre dieses Romans ist ein peinliches Vergnügen, sofern es überhaupt eines ist. Was Grass schildert und wie er es schildert, fällt nur zum Teil auf die Sache, zum andern Teil auf den Autor selbst zurück. Es kompromittiert nachhaltig nicht nur sie, sondern auch ihn — so stark und unverkennbar ist das Behagen des Erzählers an dem, was er verächtlich macht, so penetrant die artistische Genüßlichkeit, mit der er ins Detail eines unappetitlichen l'art pour l'art steigt. Wozu der Pferdekopf mit Aalgewimmel, wozu der Notzuchtversuch an einer Holzfigur, wozu das Schlucken einer mit Urin versetzten Brühe, die Brausepulverorgien, das zuckende Narbenlabyrinth auf dem Rücken eines Hafenkellners? Weil es dem Autor ganz offenkundig Spaß macht, sein allezeit parates Formulierungstalent daran zu erproben — wobei er sinnigerweise mit besonderer Vorliebe bei dem Vorgang des Erbrechens und der detaillierten Beschreibung des dabei zutage Geförderten verweilt. Grass kann im Gegensatz zu Joyce — wenn dieser unangemessene Vergleich für einen Augenblick gestattet ist — nicht für sich in Anspruch nehmen, daß es ihm auf eine vollständige Bestandsaufnahme des Weltinventars angekommen sei, aus der er das Obszöne nicht willkürlich habe ausklammern können. Er gibt keine Welttotale, sondern einen sehr subjektiven, sehr tendenziösen Ausschnitt — eine Spezialitätenschau. Es scheint, er braucht das Ekelhafte, um produktiv zu werden, ebenso wie er das fragwürdige Überlegenheitsgefühl des intellektuellen Zuchtmeisters braucht und genießt. Der Autor schlägt zu, und er trifft die richtigen Objekte, aber die Wollust des Peitschens und Treffens ist so offensichtlich, daß sie die Rechtmäßigkeit der Bestrafung in Frage stellt. Hier dominiert nicht der tragische Sinn, nicht jenes Grauen, aus dem die Erlösung kommt, sondern das unverhohlene Vergnügen daran, der Menschheit am Zeuge zu flicken. So hinterläßt das überfüllte Buch am Ende den Eindruck einer wahrhaft gräßlichen Leere . . ."

In den ,,Basler Nachrichten" vom 18. 12. 1959 läßt sich Walter Widmer folgendermaßen vernehmen:

,,Die ‚Blechtrommel' ist fraglos eines der schockierendsten Bücher, die je geschrieben wurden . . . Man hat — wohl zum Zweck der Werbung — Grimmelshausen und Rabelais als Vergleichsfälle bemüht. Das ist insofern falsch, als sowohl der ‚Simplicius Simplicissimus' als auch die fünf Bücher des ‚Gargantua und Pantagruel' ausgesprochen moraltendenziöse Werke sind. Der Lebensgang des jungen Simplicius-Parsifal und die groteske Riesen-Chronik sind doch, bei allem satirischen Einschlag, fortschrittsgläubige Bücher, sie plädieren für eine bessere, schönere Zukunft. Grass' ‚Blechtrommel‘ hingegen ist barer Nihilismus: Da ist weder von Gut und Böse noch von Fortentwicklung zu einem besseren Dasein die Rede, da werden dauernd Tabus geknackt, da rast die Handlung durch sämtliche Bezirke von Ekel und Sexualität, von Tod und Blasphemie. Nichts von blauer Blume des Glaubens an ein schöneres Diesseits, geschweige denn an ein schöneres Jenseits. Die einzige Moral, die sich daraus ableiten läßt, ist, daß es keine Moral gibt . . .‘‘

Schließlich sei noch Peter Hornungs Stellungnahme in der ,,Deutschen Tagespost‘‘ vom 23. 11. 1959 zitiert:

,,Ein Teil unserer bundesdeutschen Kritikerprominenz hat einmal wieder ihre fragwürdige Literatursensation. Sie heißt Oskar Matzerath. Als Mordverdächtiger (tatsächlich ist er zweifacher Mörder) lebt er gegen Ende des Romans recht fröhlich in dem sauberen, hellen Zimmer einer Heil- und Pflegeanstalt. Gerade dreißig Jahre alt ist dieses neue literarische Wunder- und Lieblingskind, es mißt einen Meter und dreiundzwanzig Zentimeter, hat einen Buckel und zwischen den anomal breiten Schultern befindet sich ein Wasserkopf von bestürzender Häßlichkeit.

Das Trommeln ist der Tick von Klein-Oskar. Gleich nach seiner Geburt 1924 beginnt er damit, bringt es zu einem sorgfältig ausgewählten Arsenal von diesen Lärminstrumenten, und sogar noch in der Klappsmühle gestattet ihm der Chefarzt, drei Stunden täglich seiner Leidenschaft zu frönen. Vorher trommelte er die elterliche Stube leer, krabbelte mühsam mit dem Lärmwerkzeug auf die Türme von Danzig, ergötzte die Landser in den Fronttheatern, versuchte die Angst in den Luftschutzbunkern zu bannen, und zuletzt begleitet er sogar die Jazz-Kapelle in einem mondänen Düsseldorfer Kellerlokal. Unglaubwürdigkeit und Groteske überschneiden sich hier. So etwa, wenn Günter Grass den zackigen Aufmarsch eines HJ-Fähnleins schildert. Wuchtig setzen die uniformierten Trommler zu einem Marschlied an, da fährt Klein-Oskar, der unsichtbar unter einer Ehrentribüne sitzt, mit seiner Blechtrommel schrill dazwischen. Er trommelt jedoch nicht den Rhythmus des Marschliedes, sondern den Charleston ‚Jimmy the Tiger‘, und plötzlich fallen die Braunhemden auch in diesen heißen Rhythmus, und unter Toben und Johlen zieht die uniformierte Schar hüpfend an der Ehrentribüne vorbei.

Neben dem Trommeln hat Klein-Oskar noch eine Fähigkeit: Durch einen gezielten Schrei vermag er Glas zerspringen zu lassen. Als Boß einer

Einbrecherbande verwertet er diese Fähigkeit kriminell. Vor allem die Schaufenster von Juweliergeschäften sind nicht mehr sicher vor seinen spitzen und gefährlichen Schreien. Schnell wächst durch diese Beschäftigung sein Reichtum, aber auch seine Hybris. Vor den Halbwüchsigen seiner Gangsterbande erklärt er sich zum Erlöser und Jesus, und er zelebriert eine schwarze Messe. Mit peinlichem ironischem Augenzwinkern erklärt Günter Grass zu diesen Ungeheuerlichkeiten sein Einverständnis.

Grunzend kann ich nur das Behagen nennen, mit dem Grass in Abnormitäten und Scheußlichkeiten wühlt. Konsequent macht er sich über jeden moralischen und ethischen Anspruch lustig. Vom Religiösen ganz zu schweigen. Besonders das Motiv des Vatermords scheint es diesem Grimmelshausen der 47er angetan zu haben. Da Klein-Oskar gleich zwei Väter besitzt (die Vaterschaft eines jeden unterliegt Mutmaßungen), hat der Autor Gelegenheit, zwei ebenso bestialische wie raffinierte Morde eingehend und nicht ohne verständnisvolles Kopfnicken zu beschreiben. Sogar am Tod der Mutter ist dieser verderbte Giftzwerg beteiligt. An Widerwärtigkeit diesen Verbrechen ebenbürtig sind die Amouren des Gnoms, die mit einem Abenteuer mit der späteren Stiefmutter beginnen und sich zu einem Crescendo des Absurden und Abstoßenden steigern . . .''

Haben diese Kritiker mit ihrer negativen Beurteilung des Romans recht? Sie haben recht und unrecht zugleich. Walter Widmer schränkt selbst seine Kritik ein, wenn er schreibt: ,,Das sind lauter negative Faktoren . . . Aber die negativen Faktoren sind, bei Lichte besehen, durchaus positive Werte, wenn man sie richtig wertet . . . Da ist eine großartige, eruptive Erzählkunst manifest geworden, ein reißender Strom phantastischer Prosa geht über uns hinweg, eine stupende Fülle von Bildern und Gleichnissen, von grandios hingehauenen Handlungsabläufen stürzt über uns herein, wir lesen und staunen, starren entgeistert auf diese Naturgewalt, die über uns hereinbricht . . .''

In der Tat: Grass' ,,Blechtrommel'' ist ein abscheuliches Buch, aber es ist zugleich ein bewundernswert großartiges Buch. Bewundernswert ist die Abscheulichkeit der vielen Situationen, Begebenheiten, Vorgänge, die Grass mit einer durch keine Restriktionen gehemmten spielerischen, gestalterischen Phantasie zu schildern unternimmt. Grass läßt keine Gelegenheit aus, ungewöhnlich groteske, abnorme, widerwärtige, ekelerregende. krankhafte, psychopathische, schizophrene, fäkalische, sexuell-perverse, blasphemische Szenen und Exzesse darzustellen, und dies in solch einem Umfang, in solch einer Vielfalt und solch einer grob realistischen, plastischen Darstellungsweise (er selbst nennt seinen

Roman einen „realistischen" Roman), daß der Leser nicht umhin kann, sich drein zu ergeben, das Gebotene nur noch von der humorvollen Seite zu nehmen, sich nolens volens über die immer neuen Erfindungen der abstrusen Abenteuer des Giftzwerges Oskar Matzerath zu amüsieren und verwundert — wenn er nicht moralisch betroffen sein will — den Kopf zu schütteln.

Wer Grass' Roman ernst nimmt und gar seinen moralischen Unmut, seinen Zorn an diesem Werk auslassen will, erliegt dem Autor; wer aber den Roman als einen gekonnten „Witz", als einen intellektuellen Spaß eines phantasiemäßig und sprachlich reichbegabten Autors auffaßt, wird ihn mit einem gewissen Vergnügen an den immer neuen, schier unerschöpflichen Einfällen des Autors lesen.

Man stelle sich vor, in welcher Stimmung der Autor selbst den Roman geschrieben haben mag: in einer ernsthaften, soweit es die Anlage und Komposition des Werkes betraf; in einer beißenden und grimmigen, soweit er Zeiterscheinungen und geschichtliche Perspektiven, die „Inkarnation des Muffigen, Mickrigen und Schofeln" darstellen wollte; aber vorwiegend doch in einer heiteren, humorigen Stimmung, mit einer „satanischen Lust" an der Erfindung schockierender Gags, an der Einbringung abwegiger Motive, mit einem sarkastischen und zugleich befreienden Lachen, wenn er an die Wirkung der dargestellten Szenen auf gewisse ängstliche Gemüter gedacht haben mag.

Schon die Wahl der Hauptperson, des häßlichen Giftzwerges Oskar Matzerath, der im Alter von drei Jahren sein Wachstum mit vierundneunzig Zentimetern einstellt und erst mit einundzwanzig Jahren wieder ein wenig zu wachsen beginnt, es bis zu seinem dreißigsten Jahr auf einen Meter und dreiundzwanzig Zentimeter bringt und sich einen Buckel zulegt, ist eine besondere artistische Leistung des Romanautors, der mit der Schaffung dieser „Kunstfigur" sich im erzählerischen Sinne zahlreiche Möglichkeiten offenhält.

Und in der Tat erscheint die Figur dieses Gnoms als „Katalysator, mit dessen Hilfe Realität dargestellt und verarbeitet wird. Dargestellt aus der abstrusen Knirpsperspektive, einer enthüllenden Sicht von unten, die die unsicheren Stellen im Fundament von Gesellschaft, Konvention und Zeit aufzudecken vermag. So spiegelt Oskars einperspektivisches Welterleben die Vielfalt der Erscheinungsformen des Lebens facettenartig aus Positionen, die Standorte unterhalb normaler Welterfahrungsmodi sind. Er sitzt unter Tribünen und Tischen, hockt unter Röcken, in Betten oder in Schränken und registriert mit kaltschnäuziger Reflexion Haltungen und Handlungen der Umwelt, zu der er nicht gehören will und in die er nicht gehören kann. Egozentrisch, introvertiert visiert er die ihn umgebende Lebenswirklichkeit an, reduziert sie und macht sich auf seine Weise seinen Vers darauf." (Heiko Büscher)

Denn Oskar, obwohl wachstumsmäßig ständig ein Dreijähriger, hat den Verstand eines Erwachsenen und ist ein überaus scharfsinniger Beobachter und Beurteiler seiner Umwelt. Seine Hellhörigkeit und Intelligenz lassen ihn mit ausgesprochener Zielsicherheit und Aggressivität die dekadente Wirklichkeit seiner Zeit erfassen, demaskieren, bloßstellen und brandmarken; aber obwohl er die gesellschaftlichen Mängel seiner Umwelt, seiner Mitmenschen erkennt und verurteilt, partizipiert er nichtsdestoweniger an den Lastern, Ausschweifungen, Verbrechen, Sünden seines Milieus und seiner Generationsgenossen; ja, er übertrifft diese oft um ein erhebliches.

Dem ob seines Wuchses der Mißachtung, dem Spott und der Lächerlichkeit Preisgegebenen dichtet der Autor zwei scharfe Waffen an, deren Oskar sich bedient, um seine Minderwertigkeitskomplexe zu kompensieren und um sich — wehrlos wie er in der Welt der Erwachsenen steht — jederzeit Geltung verschaffen zu können:

„Und ich begann zu trommeln ... Meine Trommel hielt das aus, die Erwachsenen weniger, wollten meiner Trommel ins Wort fallen, wollten meinem Blech im Wege sein, wollten meinen Trommelstöcken ein Bein stellen — aber die Natur sorgte für mich.

Die Fähigkeit, mittels einer Kinderblechtrommel zwischen mir und den Erwachsenen eine notwendige Distanz ertrommeln zu können, zeigte sich kurz nach dem Sturz von der Kellertreppe fast gleichzeitig mit dem Lautwerden einer Stimme, die es mir ermöglichte, in derart hoher Lage anhaltend und vibrierend zu singen, zu schreien oder schreiend zu singen, daß niemand es wagte, mir meine Trommel, die ihm die Ohren welk werden ließ, wegzunehmen; denn wenn mir die Trommel genommen wurde, schrie ich, und wenn ich schrie, zersprang Kostbarstes: Ich war in der Lage, Glas zu zersingen; mein Schrei tötete Blumenvasen; mein Gesang ließ Fensterscheiben ins Knie brechen und Zugluft regieren; meine Stimme schnitt gleich einem keuschen und deshalb unerbittlichen Diamanten Vitrinen auf und verging sich im Inneren der Vitrinen, ohne dabei die Unschuld zu verlieren, an harmonischen, edel gewachsenen, von lieber Hand geschenkten, leicht verstaubten Likörgläsern."

Mit seiner schrillen, scharfen Stimme (vermutlich Diskant) kann Oskar jedwede Art von Glas zerschneiden, zerscherben: Uhrgläser, Glühbirnen, Lampen, Vitrinenglas, Trinkgläser, Likörgläser, Reagenzgläser, die Brillengläser einer Volksschullehrerin und anderes mehr.

Er kann Schaufenster entglasen und die Auslagen dem Zugriff vorbeigehender diebeslüsterner Passanten freigeben:

„Lange nach Einbruch der Dunkelheit, ein, zwei Stunden nach Geschäftsschluß, entglitt ich Mama und Matzerath. In die Winternacht stellte ich mich. Auf stillen, fast menschenleeren Straßen, aus den Nischen windgeschützter Hauseingänge beobachtete ich die gegenüberliegenden Schaufenster der Delikateßläden, Kurzwarenhandlungen, aller Geschäfte, die Schuhe, Uhren, Schmuck, also Handliches, Begehrenswertes zur Ansicht boten. Nicht jede Auslage war beleuchtet. Ich zog sogar Geschäfte vor, die abseits von Straßenlaternen ihr Angebot im Halbdunkel hielten, weil das Licht alle, auch den Gewöhnlichsten anzieht, das Halbdunkel jedoch die Auserwählten verweilen läßt.

Es kam mir nicht auf Leute an, die im Vorbeischlendern einen Blick in grelle Schaufenster, mehr auf die Preisschildchen denn auf die Ware warfen, auf Leute, die in spiegelnden Scheiben feststellten, ob der Hut gerade sitze. Die Kunden, auf die ich bei trockener, windstiller Kälte, hinter großflockigem Schneetreiben, inmitten lautlosem, dichtem Schneefall oder unter einem Mond wartete, der mit dem Frost zunahm, diese Kunden blieben vor den Schaufenstern wie auf Anruf stehen, suchten nicht lange in den Regalen, sondern ließen den Blick entweder nach kurzer Zeit oder sogleich auf einem einzigen Ausstellungsobjekt ruhen.

Mein Vorhaben war das des Jägers. Es bedurfte der Geduld, der Kaltblütigkeit und eines freien und sicheren Auges. Erst wenn alle diese Voraussetzungen gegeben waren, kam es meiner Stimme zu, auf unblutige, schmerzlose Art, das Wild zu erlegen, zu verführen, wozu?

Zum Diebstahl: Denn ich schnitt mit meinem lautlosesten Schrei den Schaufenstern genau auf Höhe der untersten Auslagen, und wenn es ging, dem begehrten Stück gegenüber kreisrunde Ausschnitte, stieß mit einem letzten Heben der Stimme den Ausschnitt des Fensters ins Innere des Schaukastens, so daß sich ein schnellersticktes Klirren, welches jedoch nicht das Klirren zerbrechenden Glases war, hören ließ — nicht von mir gehört wurde, Oskar stand zu weit weg; aber jene junge Frau mit dem Kaninchenfell auf dem Kragen des braunen, sicher schon einmal gewendeten Wintermantels, sie hörte den kreisrunden Ausschnitt, zuckte bis ins Kaninchenfell, wollte davon, durch den Schnee, blieb aber doch, vielleicht weil es schneite, auch weil bei Schneefall, wenn es nur dicht genug fällt, alles erlaubt ist. Daß sie sich dennoch umsah und Flocken beargwöhnte, sich umsah, als wären hinter den Flocken nicht weitere Flocken, sich immer noch umsah, als ihre rechte Hand schon aus dem gleichfalls mit Kaninchenfell besetzten Muff glitt! Und sah sich dann nicht mehr um, sondern griff in den kreisrunden Ausschnitt, schob erst das abgefallene Glas, das auf die begehrte Auslage gekippt war, zur Seite, zog den einen, dann den linken mattschwarzen Pumps aus dem Loch, ohne die Absätze zu beschädigen, ohne sich an den scharfen Schnittkanten die Hand zu verletzen. Links und rechts verschwanden die Schuhe in den Manteltaschen. Einen Augenblick lang, fünf Schneeflocken lang, sah Oskar ein hübsches, doch nichtssagendes Profil, dachte schon, das ist eine Modepuppe des Kaufhauses Sternfeld, wunderbarerweise unterwegs, da löste sie sich im Schneefall auf, wurde unter dem Gelblicht der nächsten Straßenlaterne noch einmal deutlich, und war, außerhalb des Lichtkegels, sei es als junge, frischverheiratete Frau, sei es als emanzipierte Modepuppe, entkommen.

Mir blieb nach getaner Arbeit — und das Warten, Lauern, Nicht-Trommeln-Dürfen und schließlich Ansingen und Auftauen eisigen Glases war harte Arbeit —, nichts anderes blieb mir, als gleich der Diebin, doch ohne Beute, mit gleichviel entzündetem und erkältetem Herzen nach Hause zu gehn."

In gleicher Weise macht Oskar ein Liebespärchen zum Diebespaar, läßt sie in einem Parfümeriegeschäft Kölnisch Wasser rauben, veranlaßt ältere Herren, sich in den Auslagen der Tabakgeschäfte mit Zigarren zu versorgen und läßt schließlich Jan Bronski aus einem Juwelierladen ein Rubinenkollier entwenden, das dieser späterhin Oskars Mama als Geschenk überreicht.

„Ich schrie lautlos, schrie wie vielleicht ein Stern schreit, oder ein Fisch ganz zu unterst, schrie zuerst dem Frost ins Gefüge, daß endlich Neuschnee fallen konnte, schrie dann ins Glas, in das dichte Glas, in das teure Glas, in das billige Glas, in das durchsichtige Glas, in das trennende Glas, in das Glas zwischen Welten, ins jungfräuliche, mystische, ins Schaufensterglas zwischen Jan Bronski und dem Rubinenkollier schrie ich eine Lücke für Jans mir bekannte Handschuhgröße, ließ das Glas aufklappen gleich einer Falltür, gleich Himmelstor und Höllenpforte: Und Jan zuckte nicht, ließ seine feinlederne Hand aus der Manteltasche wachsen und in den Himmel eingehen, und der Handschuh verließ die Hölle, entnahm dem Himmel oder der Hölle ein Kollier, dessen Rubinen allen Engeln, auch den gefallenen, zu Gesicht stünden — und er ließ den Griff voller Rubinen und Gold in die Tasche zurückkehren, und stand immer noch vorm aufgeschlossenen Fenster, obwohl das gefährlich war . . ."

Durch die Fernwirkung nahezu lautloser Schreie gelingt es Oskar, vom cirka fünfundvierzig Meter hohen Danziger Stockturm aus das Foyer des Stadttheaters zu entglasen.

„Es war das Theater der Stadt, die dramatische Kaffeemühle, die meine neuartigen, erstmals auf unserem Dachboden ausprobierten, ich möchte sagen, ans Manierierte grenzenden Töne in ihre Abendsonnenfensterscheiben lockte. Nach wenigen Minuten verschieden geladenen Geschreis, das jedoch nichts ausrichtete, gelang mir ein nahezu lautloser Ton, und mit Freude und verräterischem Stolz durfte Oskar sich melden: Zwei mittlere Scheiben im linken Foyerfenster hatten den Abendsonnenschein aufgeben müssen, lasen sich als zwei schwarze, schleunigst neu zu verglasende Vierecke ab . . .

Es gelang mir, innerhalb einer knappen Viertelstunde alle Fenster des Foyers und einen Teil der Türen zu entglasen. Vor dem Theater sammelte sich eine, wie es von oben aussah, aufgeregte Menschenmenge . . . Gerade wollte ich mich anschicken, mit einem noch kühneren Experiment das Innere aller Dinge freizulegen, nämlich durchs offene Foyer hindurch, durchs Schlüsselloch einer Logentür in den noch dunklen Theaterraum hinein einen speziellen Schrei zu schicken, der den Stolz aller Abonnenten, den Kronleuchter des Theaters mit all seinem geschliffenen, spiegelnden, lichtbrechend facettierten Klimborium treffen sollte . . ."

Mit diesem Schrei hat Oskar jedoch keinen Erfolg. Als er später mit seiner Mutter das Weihnachtsmärchen (ausgerechnet das Märchen vom Däumling!) besucht, ist er froh, daß der „Protzlüster, über dem Parkett hängend, tat, was er konnte" und daß er ihn nicht vom Stockturm herab zersungen hat; doch ist seine Mutter angesichts des gefüllten Theaters immer in Besorgnis, wenn Oskar einen Blick zu dem herrlich funkelnden, gläsernen Gebilde, das da über den Köpfen der Menschen schwebt, hinaufschickt . . .

Eine andere Waffe Oskars, mit der er sich gegen die Welt der Erwachsenen zur Wehr setzt, ist seine Trommel. Im Alter von drei Jahren bekommt er die von seiner Mutter bei seiner Geburt ihm zugesagte Trommel: „Da hab ich sie, die Trommel. Da hängt sie mir gerade, neu und weiß-rot gezackt vor dem Bauch. Da kreuze ich selbstbewußt und unter ernst entschlossenem Gesicht hölzerne Trommelstöcke auf dem Blech . . ."

Viele Trommeln zerschlägt Oskar zu Schrott, bis er eines Tages entdeckt, daß nicht nur seine Stimme eine glasvernichtende Stärke hat, sondern auch seiner Blechtrommel eine magische Kraft innewohnt, deren Wirkung er auf einer Parteiveranstaltung der Nationalsozialisten erproben kann: Unter den Tribünenbänken hockend, läßt er seine Trommel ertönen, reißt den Spielmannszug in seinen Rhythmus hinein und sprengt die gesamte Parteiveranstaltung.

„Jene Gasse, die mitten durch die Menge zur Tribüne führte, ließ von weit her heranrückende Uniformen ahnen, und Oskar stieß hervor: ‚Jetzt mein Volk, paß auf, mein Volk!'"

„Die Trommel lag mir schon maßgerecht. Himmlisch locker ließ ich die Knüppel in meinen Händen spielen und legte mit Zärtlichkeit in den Handgelenken einen kunstreichen, heiteren Walzertakt auf mein Blech, den ich immer eindringlicher, Wien und die Donau beschwörend, laut werden ließ, bis oben die erste und zweite Landsknechtstrommel an meinem Walzer Gefallen fand, auch Flachtrommeln der älteren Burschen mehr oder weniger geschickt mein Vorspiel aufnahmen ... Und das Volk dankte es mir. Lacher wurden laut vor der Tribüne, da sangen schon welche mit, o Donau, und über den ganzen Platz, so blau, bis zur Hindenburgallee, so blau und zum Steffenspark, so blau, hüpfte mein Rhythmus, verstärkt durch das über mir vollaufgedrehte Mikrophon ...

Es war nichts mehr zu retten. Das Volk tanzte sich von der Maiwiese, bis die zwar arg zertreten, aber immerhin grün und leer war ... Selbst als ich meinem Blech schon die langverdiente Ruhe gönnte, wollten die Trommelbuben noch immer kein Ende finden. Es brauchte seine Zeit, bis mein musikalischer Einfluß nachzuwirken aufhörte."

So wie Oskar trommelnd die Parteiversammlung sprengt, trommelt er die orgienbesessenen Gäste aus Ferdinand Schmuhs Zwiebelkeller hinaus, trommelt er später auf seinen Konzerttourneen seine Zuhörer in Begeisterung und Ekstase hinein.

Oskars Stimme und Trommel stillen seinen Hunger nach Anerkennung, nach Geltung und Macht, heben ihn über die Welt der Erwachsenen hinaus und lassen ihn „mündig" werden. Wie es bei unterentwickelten, verwachsenen, mißgestalteten, im Wachstum gehemmten oder kretinartig gestalteten Existenzen oft der Fall ist, werden bestimmte körperliche Mängel durch ungewöhnliche, stark ausgeprägte psychische oder physische Erscheinungen wieder auf einer anderen Seite kompensiert. Den Zwerg Oskar kennzeichnet eine überdurchschnittliche sexuelle Veranlagung; das geschlechtliche Begehren der Menschen wird ihm bewußt, als er an seinem vierten Geburtstag, Anfang September achtundzwanzig, die Geburtstagsgesellschaft „mit einem rundlaufenden, alle vier Glühbirnen der Hängelampe tötenden Schrei in vorweltliche Finsternis versetzt" und sie anschließend, als das Zimmer wieder erhellt wird, „in merkwürdiger Paarung" vorfindet, und als er, unter dem Tisch sitzend, die Beine seiner Mutter und seiner beiden mutmaßlichen Väter, Matzeraths und Bronskis, beobachtet, die sich suchen und aneinander reiben.

Oskar kann eine stattliche Zahl von Geliebten und Amouren verbuchen; von Maria Truczinski, seiner späteren Stiefmutter, deren Kind er als seinen Sohn (Kurtchen) bezeichnet, der aber zugleich sein Halbbruder ist, bis zu der übelriechenden bettlägerigen Lina Greff und der Krankenschwester Dorothea Köngetter reicht die Skala seiner widernatürlichen, perversen sexuellen Erlebnisse. Oskar, der seine Mutter und seine beiden mutmaßlichen Väter ins Grab bringt, der sich in blasphemischer Weise als Jesus ausgibt, gerät schließlich unter Mordverdacht, als er den abgerissenen Finger der von ihm geliebten und in seiner Wohnung neben ihm wohnenden Schwester Dorothea, mit der er eine mißlungene sexuelle Begegnung auf einem Kokosläufer hatte, in Spiritus legt und zum Gegenstand seiner Verehrung und Anbetung macht. Er wird verhaftet und in eine Heil- und Pflegeanstalt eingeliefert, in der er kurz vor seinem dreißigsten Geburtstag, den er noch in der Anstalt feiert, wieder zu wachsen beginnt und in der er, angsterfüllt angesichts einer ungewissen Zukunft, seine Entlassung erwartet.

Man hat dieses Buch als einen Entwicklungsroman, als Bildungsroman, als Schelmenroman, als realistischen, historischen, politischen, satirischen Roman und wer weiß nicht was alles bezeichnet. In der Tat sind Merkmale all dieser Romangattungen in dem Roman „Die Blechtrommel" enthalten, und es kommt ganz auf den Standpunkt des Betrachters an, welchem Charakterzug der Darstellung er den Vorzug geben will.

Wie sehr die Urteile über den Roman „Die Blechtrommel" divergieren, zeigen Äußerungen über die religiösen Aspekte des Buches. Während Hugo Loetscher trotz aller im Roman enthaltenen Angriffe auf die Kirche, trotz aller provokativen und blasphemischen Szenen (Oskar in der Herz-Jesu-Kirche, Oskar als Jesus Jünger um sich sammelnd) schreibt: „Die Blechtrommel ist ein eminent katholisches Buch — nicht im konfessionellen Sinne oder weil Grass nach katholischem Ritus getauft worden ist, sondern im Annehmen und Gestalten der Sündhaftigkeit der Welt", hat die katholische „Warte" Grass als Ketzer gebrandmarkt.

Grass selber schreibt in der „Blechtrommel": „Ich gebe zu, daß die Fliesen in katholischen Kirchen, daß der Geruch einer katholischen Kirche, daß mich der ganze Katholizismus heute noch unerklärlicherweise wie, nun, wie ein rothaariges Mädchen fesselt, obgleich ich rote Haare umfärben möchte (!) und der Katholizismus mir Lästerungen eingibt, die immer wieder verraten, daß ich, wenn auch vergeblich, dennoch unabänderlich katholisch getauft bin." Grass sagt ferner: „Ich würde mich nie als Atheist bezeichnen, ich schreibe nicht für, nicht gegen Gott." Und: „Ich wehre mich dagegen, an Ideologien zu glauben.

Ich glaube weder an die marxistische (!) noch an die katholische Ideologie. Aber wenn ich an eine der beiden Ideologien glauben müßte, würde ich an die katholische glauben. Sie ist lebensfähiger." (Manfred Bourrée, Das Okular des Günter Grass, Echo der Zeit, 18. 11. 62)

Alles in allem: Der Roman „Die Blechtrommel" ist ein typischer Roman unserer Zeit. Er sollte als solcher gelesen, verstanden und beurteilt werden, beurteilt ohne Ressentiment, mit der leidenschaftslosen Distanz und dem überlegenen Humor, die nötig sind, um nicht Ärgernis an einem Werk zu nehmen, das — cum grano salis — nichts anderes als ein außergewöhnlicher intellektueller Spaß ist.

DER ZEITGESCHICHTLICHE HINTERGRUND
DES ROMANS „DIE BLECHTROMMEL"

Der erste längere Hinweis auf den zeitgeschichtlichen Hintergrund des Romans „Die Blechtrommel" findet sich in dem Kapitel „Falter und Glühbirne", wo es heißt: „Der Krieg (gemeint ist der Erste Weltkrieg) hatte sich verausgabt. Man bastelte, Anlaß zu ferneren Kriegen gebend, Friedensverträge: Das Gebiet um die Weichselmündung, etwa von Vogelsang auf der Nehrung, der Nogat entlang bis Pieckel, dort mit der Weichsel abwärts laufend bis Czattkau, links einen rechten Winkel bis Schönfließ bildend, dann einen Buckel um den Saskoschiner Forst bis zum Ottominer See machend, Mattern, Ramkau und das Bissau meiner Großmutter liegen lassend und bei Klein-Katz die Ostsee erreichend, wurde zum Freien Staat erklärt und dem Völkerbund unterstellt. Polen erhielt im eigentlichen Stadtgebiet Danzig einen Freihafen, die Westerplatte mit Munitionsdepot, die Verwaltung der Eisenbahn und eine eigene Post am Heveliusplatz."

Während die Briefmarken des Freistaates ein hanseatisch rot-goldenes, Koggen und Wappen zeigendes Gepränge den Briefen boten, frankierten die Polen mit makaber violetten Szenen, die Kasimirs und Batorys Historien illustrierten.

Jan Bronski wechselte zur Polnischen Post über. Sein Übertritt wirkte spontan, desgleichen seine Option für Polen. Viele wollen den Grund für die Erwerbung der polnischen Staatsangehörigkeit im Verhalten meiner Mama gesehen haben. Im Jahre zwanzig, da Marszalek Pilsudski die Rote Armee bei Warschau schlug und das Wunder an der Weichsel von Leuten wie Vinzent Bronski der Jungfrau Maria, von Militärsachverständigen entweder General Sikorski oder General Weygand zugesprochen wurde, in jenem polnischen Jahr also verlobte sich meine Mama mit dem Reichsdeutschen Matzerath."

In diesem Land, in dem Deutsche und Polen, Juden und Kaschuben nebeneinander wohnten, erblickt Oskar Matzerath im Jahre 1924 das Licht der Welt. Spannungen, die schon unter den Kindern der im Freistaat Danzig und im Weichselgebiet lebenden Bevölkerungsschichten bestanden, deuten Szenen wie die folgende an:

„Eigentlich habe ich es bedauert, als Oskar im Frühjahr, nach seinem sechsten Geburtstag, Stephans wegen und mit ihm zusammen das auf- und zuknöpfbare Fräulein Kauer verlassen mußte. Wie immer, wenn

Politik im Spiele ist, kam es zu Gewalttätigkeiten. Wir waren auf dem Erbsberg, Tante Kauer nahm uns das Wollgeschirr ab, das Jungholz glänzte, in den Zweigen begann es sich zu mausern. Tante Kauer saß auf einem Wegstein, der unter wucherndem Moos verschiedene Richtungen für ein- bis zweistündige Spaziergänge angab. Gleich einem Mädchen, das nicht weiß, wie ihm im Frühling ist, trällerte sie mit ruckhaften Kopfbewegungen, die man sonst nur noch bei Perlhühnern beobachten kann, und strickte uns ein neues Geschirr, verteufelt rot sollte es werden, leider durfte ich es nie tragen: Denn da gab es Geschrei im Gebüsch, Fräulein Kauer flatterte auf, stöckelte mit Gestricktem, roten Wollfaden nach sich ziehend, dem Geschrei und Gebüsch zu. Ich folgte ihr und dem Faden, sollte sogleich noch mehr Rot sehen: Stephans Nase blutete heftig und einer, der Lothar hieß, gelockt war und blaue Äderchen an den Schläfen zeigte, hockte dem windigen und so wehleidigen Kerlchen auf der Brust und tat, als wollte er dem Stephan die Nase nach innen schlagen.

‚Pollack‘, zischte er zwischen Schlag und Schlag. ‚Pollack!‘ Als Tante Kauer uns fünf Minuten später wieder im hellblauen Geschirr hatte — nur ich lief frei und wickelte den roten Faden auf —‚ sprach sie uns allen ein Gebet vor, das man normalerweise zwischen Opfer und Wandlung hersagt: ‚Beschämt, voll Reue und Schmerz . . .‘

Dann den Erbsberg hinunter und vor dem Gutenbergdenkmal Halt. Auf Stephan, der sich wimmernd ein Taschentuch gegen die Nase drückte, mit langem Finger weisend, gab sie mild zu verstehen: ‚Er kann doch nicht dafür, daß er ein kleiner Pole ist.‘

Stephan durfte auf Anraten Tante Kauers nicht mehr in ihren Kindergarten. Oskar, obgleich kein Pole und den Stephan nicht besonders schätzend, erklärte sich mit ihm solidarisch. Und dann kam Ostern, und man versuchte es einfach. Dr. Hollatz befand hinter seiner mit breitem Horn eingefaßten Brille, es könne nicht schaden, ließ den Befund auch laut werden: ‚Es kann dem kleinen Oskar nicht schaden.‘

Jan Bronski, der seinen Stephan gleichfalls nach Ostern in die polnische Volksschule schicken wollte, ließ sich davon nicht abraten, wiederholte meiner Mama und Matzerath immer wieder: Er seí Beamter in polnischen Diensten. Für korrekte Arbeit auf der polnischen Post bezahle der polnische Staat ihn korrekt. Schließlich sei er Pole und Hedwig werde es auch, sobald der Antrag genehmigt. Zudem lerne ein aufgewecktes und überdurchschnittlich begabtes Kind wie Stephan die deutsche Sprache im Elternhaus, und was den kleinen Oskar betreffe — immer wenn er Oskar sagte, seufzte er ein bißchen —, Oskar sei

genau wie der Stephan sechs Jahre alt, könne zwar noch nicht recht
sprechen, sei überhaupt reichlich zurück für sein Alter, und was das
Wachstum angehe, versuchen solle man es trotzdem, Schulpflicht sei
Schulpflicht —, vorausgesetzt, daß die Schulbehörde sich nicht da-
gegenstelle.

Die Schulbehörde äußerte Bedenken und verlangte ein ärztliches
Attest. Hollatz nannte mich einen gesunden Jungen, der dem Wachstum
nach einem Dreijährigen gleiche, geistig jedoch, wenn er auch noch
nicht recht spreche, einem Fünf- bis Sechsjährigen in nichts nachstehe."

So wie hier, sind fast überall in dem Roman „Die Blechtrommel" Zeitereignisse eng mit der Romanhandlung verknüpft; fast beiläufig werden die politisch entscheidenden Jahre von 1933—1945 und später
— etwas eingehender — die Nachkriegszeit in dem Werk dargestellt.
Grass enthält sich einer direkten Beschreibung der politischen und
militärischen Vorgänge der Zeit vor 1939 und während des Zweiten
Weltkrieges sowie der politischen Lage nach dem Kriege; er läßt sie
Gestalt gewinnen, indem er uns ihren „farbigen Abglanz" im Leben
seiner Romanfiguren schildert. Da spiegelt sich die Machtübernahme
durch die Nationalsozialisten in einzelnen Alltagsszenen und Einzel-
schicksalen wider: Parteiversammlungen, Aufmärsche der HJ, bei denen
Oskar zugegen ist, finden statt, da gibt es einen Trompeter namens
Meyn, der in die Reiter-SA eintritt, da ist von BdM-Führerinnen und
der NS-Frauenschaft die Rede, von Gebietsfanfaren- und Spielmanns-
zügen des Jungvolkes, vom armen SA-Mann Brand und dem Hitler-
jungen Quex, von Abordnungen der SA und SS.

Von den „Vorbereitungen zum Kriege" ist die Rede, wenn aus der
Sicht Matzeraths und Oskars erzählt wird:

„Es wäre sinnlos gewesen, Matzerath um Hilfe anzugehen, obgleich
jener von Natur aus hilfsbereit, sogar gutmütig war. Seit dem Tode
meiner armen Mama dachte der Mann nur noch an seinen Parteikram,
zerstreute sich mit Zellenleiterbesprechungen oder unterhielt sich um
Mitternacht, nach starkem Alkoholgenuß, laut und vertraulich mit den
schwarzgerahmten Abbildungen Hitlers und Beethovens in unserem
Wohnzimmer, ließ sich vom Genie das Schicksal und vom Führer die
Vorsehung erklären und sah das Sammeln für die Winterhilfe im nüch-
ternen Zustand als sein vorgesehenes Schicksal an.

Ungern erinnere ich mich dieser Sammlersonntage. Unternahm ich doch
an solch einem Tag den ohnmächtigen Versuch, in den Besitz einer
neuen Trommel zu gelangen. Matzerath, der vormittags auf der Haupt-
straße vor den Kunstlichtspielen, auch vor dem Kaufhaus Sternfeld ge-

sammelt hatte, kam mittags nach Hause und wärmte für sich und mich die Königsberger Klopse auf. Nach dem, wie ich mich heute noch erinnere, schmackhaften Essen — Matzerath kochte selbst als Witwer leidenschaftlich gerne und vorzüglich — legte sich der müde Sammler auf die Chaiselongue, um ein Nickerchen zu machen. Kaum atmete er schlafgerecht, griff ich ihm auch schon die halbvolle Sammelbüchse vom Klavier, verschwand mit dem Ding, das die Form einer Konservendose hatte, im Laden unter dem Ladentisch und verging mich an der lächerlichsten aller Blechbüchsen. Nicht etwa, daß ich mich an den Groschenstücken hätte bereichern wollen! Ein blöder Sinn befahl mir, das Ding als Trommel auszuprobieren. Wie ich auch schlug und die Stöcke mischte, immer gab es nur eine Antwort: Kleine Spende fürs WHW! Keiner soll hungern, keiner soll frieren! Kleine Spende fürs WHW!

Nach einer halben Stunde resignierte ich, langte mir aus der Ladenkasse fünf Guldenpfennige, spendete die fürs Winterhilfswerk und brachte die so bereicherte Sammelbüchse zurück zum Klavier, damit Matzerath sie finden und den restlichen Sonntag fürs WHW klappernd totschlagen konnte."

Alles wird immer aus dem persönlichen Erleben der Personen heraus dargestellt. Grass entgeht dem Fehler, dick aufzutragen, den Nationalsozialismus und seinen Krieg ständig anzuprangern, sondern er zeigt uns die Erscheinungen aus der Froschperspektive, aus der Sicht des Kleinbürgers, aus dem Blickwinkel eines Gnoms und seiner Angehörigen, die alle ein Opfer politischen Irrsinns werden.

So wird die Entfachung nationaler Leidenschaften dargestellt, wenn das Skatspiel zu einem politischen Spiel umfunktioniert wird: „Doch wie hatte sich seit dem Hingang meiner armen Mama alles geändert! Da versuchte kein Jan Bronski, oben vorsichtig und dennoch Spiel um Spiel verlierend, unten kühn, mit schuhlosem Strumpf Eroberungen zwischen den Schenkeln meiner Mama zu machen. Unter dem Skattisch jener Jahre gab es keine Erotik mehr, geschweige denn Liebe. Sechs Hosenbeine bespannten, verschiedene Fischgrätenmuster zeigend, sechs nackte, oder Unterhosen bevorzugende, mehr oder weniger behaarte Männerbeine, die sich sechsmal unter Mühe gaben, keine noch so zufällige Berührung zu finden, die oben, zu Rümpfen, Köpfen, Armen vereinfacht und erweitert, sich eines Spieles befleißigten, das aus politischen Gründen hätte verboten sein müssen, das aber in jedem Falle eines verlorenen oder gewonnenen Spieles die Entschuldigung, auch den Triumph zuließ: Polen hat einen Grand Hand verloren; die Freie Stadt Danzig gewann soeben für das Großdeutsche Reich bombensicher einen Karo einfach.

Der Tag ließ sich voraussehen, da diese Manöverspiele ihr Ende finden würden — wie ja alle Manöver eines Tages beendet und auf erweiterter Ebene anläßlich eines sogenannten Ernstfalles in nackte Tatsachen verwandelt werden.''

Der Ernstfall — häufig gebrauchtes Wort der Vorkriegszeit — tritt ein; Oskar erlebt ihn aus seiner Sicht: ,,Es hätte diese Straßenbahnfahrt zu einer ungestörten Freudenfahrt werden können, wäre es nicht der Vorabend des ersten September neununddreißig gewesen ...'' Er erlebt die Verteidigung der Polnischen Post, in die er mit Jan Bronski hineingelangt ist, erlebt den Angriff der Heimwehr auf das Gebäude und die Einnahme desselben, die Gefangennahme der Besatzung und hört von der Hinrichtung Jan Bronskis und der dreißig Verteidiger der Polnischen Post wegen Freischärlerei. Er selbst wird, schlau sich unwissend stellend, als unschuldiges Opfer polnischer Barbarei, mit Fieber und entzündeten Nerven in die Städtischen Krankenanstalten gebracht und dort in ein Gitterbett der Kinderabteilung gesteckt. ,,Bis etwa zum zwanzigsten September hörte ich, in meinem Spitalbettchen liegend, die Salven aus den Geschützen jener auf den Höhen des Jeschkentaler- und Olivaerwaldes aufgefahrenen Batterien. Dann ergab sich das letzte Widerstandsnest, die Halbinsel Hela. Die Freie Hansestadt Danzig konnte den Anschluß ihrer Backsteingotik an das Großdeutsche Reich feiern und jubelnd einem unermüdlich im schwarzen Mercedeswagen stehenden, fast pausenlos rechtwinklig grüßenden Führer und Reichskanzler Adolf Hitler in jene blauen Augen sehen, die mit den blauen Augen Jan Bronskis einen Erfolg gemeinsam hatten: den Erfolg bei den Frauen.''

Wie ein fernes Wetterleuchten ziehen die Kriegsereignisse an Oskar und den Seinen vorüber; man hört Sondermeldungen im Kofferradio, hört von den deutschen U-Booten, die soundsoviel tausend Bruttoregistertonnen im Atlantik in den Grund gebohrt haben, hört von einem berühmten Kapitänleutnant namens Schepke oder Kretschmar, der darüber hinaus noch einen englischen Zerstörer versenkt hat.

Unter Fanfarenklängen werden die Siegesmeldungen im Lautsprecher verkündet, eingeleitet werden sie von einem Motiv aus Liszts ,,Préludes'', anschließend erklingt das Englandlied, das Oskar trommelnd variiert und fast in einen Walzer verwandelt.

Ferne bleiben auch die Ereignisse im Osten; der Einmarsch in Rußland, der Krieg auf der Balkanhalbinsel und anderes mehr. Immer wieder sind es nur persönliche Erlebnisse, die mit Zeitereignissen verquickt werden, in denen sich diese widerspiegeln: So — lange vor dem Krieg — das Erlebnis der Nacht vom achten zum neunten November achtunddreißig, die man später die Kristallnacht nannte, als die Synagogen in Brand gesteckt wurden und jüdische Geschäfte — wie der Spielzeugladen des Sigismund Markus, in dem Oskar seine Blechtrommeln kaufte — zerstört und geplündert wurden; so die Kapitulation der sechsten Armee in Stalingrad oder das Ende Rommels in Afrika.

„Im Januar dreiundvierzig sprach man viel von der Stadt Stalingrad. Da Matzerath jedoch den Namen dieser Stadt ähnlich betonte wie er zuvor Pearl Harbour, Tobruk und Dünkirchen betont hatte, schenkte ich den Ereignissen in jener fernen Stadt nicht mehr Aufmerksamkeit als anderen Städten, die mir durch Sondermeldungen bekannt wurden; denn für Oskar waren Wehrmachtsberichte und Sondermeldungen eine Art Geographieunterricht. Wie hätte ich auch sonst erfahren können, wo die Flüsse Kuban, Mius und Don fließen, wer hätte mir besser die geographische Lage der Aleuteninseln Atu, Kiska und Adak erläutern können als ausführliche Radioberichte über die Ereignisse im Fernen Osten.

So lernte ich also im Januar dreiundvierzig, daß die ferne Stadt Stalingrad an der Wolga liegt, sorgte mich aber weniger um die sechste Armee, vielmehr um Maria, die zu jener Zeit eine leichte Grippe hatte.

Während Marias Grippe abklang, setzten die im Radio ihren Geographieunterricht fort: Rzev und Demjansk sind für Oskar heute noch Ortschaften, die er sofort und blindlings auf jeder Karte Sowjetrußlands findet. Kaum war Maria genesen, bekam mein Sohn Kurt den Keuchhusten. Während ich versuchte, mir die schwierigsten Namen einiger heißumkämpfter Oasen Tunesiens zu merken, fand mit dem Afrikakorps auch Kurtchens Keuchhusten sein Ende . . .“

Aktiv nimmt Oskar insofern am Kriege teil, als er sich Bebras Fronttheater anschließt und mit einer Propagandakompanie nach Frankreich geht. Er erlebt den Westwall, den Atlantikwall und die Invasion. Er erlebt die Bombenangriffe der Alliierten auf die deutschen Städte, die Ängste und Leiden der deutschen Zivilbevölkerung in den Luftschutzkellern, schließlich den Zusammenbruch und die Russen, letztere in Danzig, sowie den Brand der schönen alten deutschen Stadt:

„Es hieß, die Russen seien schon in Zigankenberg, Pietzgendorf und vor Schidlitz. Jedenfalls mußten sie auf den Höhen sitzen, denn sie schossen schnurstracks in die Stadt. Rechtstadt, Altstadt, Pfefferstadt, Vorstadt, Jungstadt, Neustadt und Niederstadt, an denen zusammen man über siebenhundert Jahre gebaut hatte, brannten in drei Tagen ab. Es brannten die Häkergasse, Langgasse, Breitgasse, Große und

Kleine Wollwebergasse, es brannten die Tobiasgasse, Hundegasse, der Altstädtische Graben, der Vorstädtische Graben, die Wälle brannten und die Lange Brücke. Das Krantor war aus Holz und brannte besonders schön. In der Kleinen Hosennähergasse ließ sich das Feuer für mehrere auffallend grelle Hosen Maß nehmen. Die Marienkirche brannte von innen nach außen und zeigte Festbeleuchtung durch Spitzbogenfenster. Die restlichen, noch nicht evakuierten Glocken von Sankt Katharinen. Sankt Johann, Sankt Brigitten, Barbara, Elisabeth, Peter und Paul, Trinitatis und Heiliger Leichnam schmolzen in Turmgestühlen und tropften sang- und klanglos. In der Großen Mühle wurde roter Weizen gemahlen. In der Fleischergasse roch es nach verbranntem Sonntagsbraten. Im Stadttheater wurden Brandstifters Träume, ein doppelsinniger Einakter, uraufgeführt. Im Rechtstädtischen Rathaus beschloß man, die Gehälter der Feuerwehrleute nach dem Brand rückwirkend heraufzusetzen. Die Heilige-Geist-Gasse brannte im Namen des Heiligen Geistes. Freudig brannte das Franziskanerkloster im Namen des Heiligen Franziskus, der ja das Feuer liebte und ansang. Die Frauengasse entbrannte für Vater und Sohn gleichzeitig. Daß der Holzmarkt, Kohlenmarkt, Heumarkt abbrannten, versteht sich von selbst. In der Brotbänkengasse kamen die Brötchen nicht mehr aus dem Ofen. In der Milchkannengasse kochte die Milch über. Nur das Gebäude der Westpreußischen Feuerversicherung wollte aus rein symbolischen Gründen nicht abbrennen.

Oskar hat sich nie viel aus Bränden gemacht. So wäre ich auch im Keller geblieben, als Matzerath die Treppen hochsprang, um sich vom Dachboden aus das brennende Danzig anzusehen, wenn ich nicht leichtsinnigerweise auf eben jenem Dachboden meine wenigen, leicht brennbaren Habseligkeiten gelagert gehabt hätte. Es galt, meine letzte Trommel aus dem Fronttheatervorrat und meinen Goethe wie Rasputin zu retten. Auch verwahrte ich zwischen den Buchseiten einen hauchdünnen, zart bemalten Fächer, den meine Roswitha, die Raguna, zu Lebzeiten graziös zu bewegen verstanden hatte. Maria blieb im Keller. Kurtchen jedoch wollte mit mir und Matzerath aufs Dach und das Feuer sehen. Einerseits ärgerte ich mich über die unkontrollierte Begeisterungsfähigkeit meines Sohnes, andererseits sagte Oskar sich: Er wird es von seinem Urgroßvater, von meinem Großvater, dem Brandstifter Koljaiczek haben. Maria behielt das Kurtchen unten, ich durfte mit Matzerath hinauf, nahm meine Siebensachen an mich, warf einen Blick durch das Trockenbodenfenster und erstaunte über die sprühend lebendige Kraft, zu der sich die altehrwürdige Stadt hatte aufraffen können.

Als Granaten in der Nähe einschlugen, verließen wir den Trockenboden. Später wollte Matzerath noch einmal hinauf, aber Maria verbot es ihm. Er fügte sich, weinte, als er der Witwe Greff, die unten geblieben war, den Brand lang und breit schildern mußte. Noch einmal fand er in die Wohnung, stellte das Radio an: aber es kam nichts mehr. Nicht einmal das Feuer des brennenden Funkhauses hörte man knistern, geschweige denn eine Sondermeldung.

Fast zaghaft wie ein Kind, das nicht weiß, ob es weiterhin an den Weihnachtsmann glauben soll, stand Matzerath mitten im Keller, zog an seinen Hosenträgern, äußerte erstmals Zweifel am Endsieg und nahm sich auf Anraten der Witwe Greff das Parteiabzeichen vom Rockaufschlag, wußte aber nicht, wohin damit; denn der Keller hatte Betonfußboden, die Greffsche wollte ihm das Abzeichen nicht abnehmen, Maria meinte, er solle es in den Winterkartoffeln verbuddeln, aber die Kartoffeln waren dem Matzerath nicht sicher genug, und nach oben zu gehen, wagte er nicht, denn die mußten bald kommen, wenn sie nicht schon da waren, unterwegs waren, kämpften ja schon bei Brenntau und Oliva, als er noch auf dem Dachboden gewesen war, und er bedauerte mehrmals, den Bonbon nicht oben im Luftschutzsand gelassen zu haben, denn wenn die ihn hier unten, mit dem Bonbon in der Hand fanden —''

Die nun folgende Szene, in der Alfred Matzerath angesichts der vor ihm stehenden, mit Maschinenpistolen bewaffneten Russen sein Parteiabzeichen, das ihm Oskar mit geöffneter Nadel verstohlen in die Hand gedrückt hat, verschluckt, hat symbolischen Charakter. Er erstickt an dem Parteiabzeichen und wird gleichzeitig von dem Kalmücken niedergeschossen: ,,Hätte er doch zuvor wenigstens mit drei Fingern die Nadel des Parteiabzeichens geschlossen. Nun würgte er an dem sperrigen Bonbon, lief rot an, bekam dicke Augen, hustete, weinte, lachte und konnte bei all den gleichzeitigen Gemütsbewegungen die Hände nicht mehr oben behalten. Das jedoch duldeten die Iwans nicht. Sie schrien und wollten wieder seine Handteller sehen. Aber Matzerath hatte sich vollkommen auf seine Atmungsorgane eingestellt. Selbst husten konnte er nicht mehr richtig, geriet aber ins Tanzen und Armeschleudern, fegte einige Weißblechdosen voller Leipziger Allerlei vom Regal und bewirkte, daß mein Kalmücke, der bisher ruhig und leichtgeschlitzt zugesehen hatte, mich behutsam absetzte, hinter sich langte, etwas in die Waagrechte brachte und aus der Hüfte heraus schoß, ein ganzes Magazin leerschoß, schoß, bevor Matzerath ersticken konnte.''

Nichts konnte das Ende der Partei, an der die eigenen Genossen ersticken, das Ende des Dritten Reiches besser verdeutlichen als diese makabre Szene, die eine geniale Erfindung des Romanautors ist.

Greifbarer und ausführlicher als die stets etwas verschleierten Kriegsereignisse werden die Nöte und Verwirrungen der Nachkriegszeit geschildert, die Austreibung der Deutschen aus Danzig und den deutschen Ostgebieten, die besonders lebendig beschriebenen Flüchtlingstransporte in den Güterwagen in Richtung Westen, die Versuche, in der neuen Heimat Fuß zu fassen, die Inflations- und Schwarzmarktzeit und der Wille, dem neuen, veränderten Leben einen Sinn abzugewinnen: „Gedanken bewegten mich, Politik stimmte mich sorgenvoll, mit Sekt malte ich die Blockade der Stadt Berlin auf die Tischplatte, verzweifelte an der Wiedervereinigung Deutschlands und tat, was ich sonst nie tat: Oskar suchte als Yorick den Sinn des Lebens."

Günter Grass' „Blechtrommel" ist ein politisches Buch, aber es ist in erster Linie eine Darstellung von Oskar Matzeraths Lebenslauf, in dem sich die politischen und militärischen Zeitereignisse widerspiegeln. Grass kritisiert zwar die nationalsozialistische Ära, aber es ist keine Spur von Haß in seinem Buch. Hans Magnus Enzensberger bemerkt, Grass sei kein Moralist, und er habe „eine Darstellung des Hitlerregimes, ohne das mindeste antifaschistische Aufheben zu machen, geliefert". Grass selber hat sich in dem Sinne geäußert, er schreibe über den Nationalsozialismus und die Vertreibung der Ostflüchtlinge mit den gleichen Mitteln wie über den Beischlaf auf dem Teppich. Dieser Ausspruch ist charakteristisch für einen Schriftsteller, der nichts anderes als ein Realist sein will.

ENTFESSELTE SPRACHGEWALT

Es hat tatsächlich Kritiker gegeben, die den Fall Grass als „einen Unglücksfall ohne Beispiel in unserem Schrifttum" bezeichnet und behauptet haben, die eigentliche Schwäche seines Romans „Die Blechtrommel" liege im Sprachlichen. Dabei ist es gerade das Sprachliche und — neben der Fülle der Einfälle — vielleicht nur das Sprachliche, das den Roman zu einem literarischen Werk von Bedeutung macht. So haben auch die meisten Kritiker, selbst die, welche die größten Bedenken dem Stoff und der Konzeption des Romans gegenüber geäußert haben, immer wieder die Sprachgewalt des Autors Günter Grass anerkannt.

Einige Beispiele:

Hans Magnus Enzensberger schreibt: „Seine Sprache richtet sich dieser Autor selber zu. Und da herrscht kein Asthma und keine Unterernährung, da wird aus dem vollen geschöpft und nicht gespart. Diese Sprache greift heftig zu, hat Leerstellen, Selbstschüsse, Stolperdrähte, ist zuweilen salopp, ungeschliffen, ist weit entfernt von ziselierter Kalligraphie, von feinsinniger Schönschrift, aber noch weiter vom unbekümmerten Drauflos des Reporters. Sie ist im Gegenteil von einer Formkraft, einer Plastik, einer überwältigenden Fülle, einer inneren Spannung, einem rhythmischen Furor, für die ich in der deutschen Literatur des Augenblicks kein Beispiel sehe."

Walter Widmer meint: „Da ist eine großartige, eruptive Erzählkunst manifest geworden, ein reißender Strom phantastischer Prosa geht über uns hinweg, eine stupende Fülle von Bildern und Gleichnissen, von grandios hingehauenen Handlungsabläufen stürzt über uns herein, wir lesen und staunen, starren entgeistert auf diese Naturgewalt, die über uns hereinbricht."

Marcel Reich-Ranicki urteilt: „Grass ist eher entfesselt als zuchtvoll, bisweilen kann er die Worte nicht halten: Sie gehen mit ihm durch. Oft jedoch ist seine Diktion drall und prall, saftig und deftig. Da gibt es effektvolle Wortkaskaden und rhythmische Trommeleien von großartigem Schwung, wobei Grass häufig die Tonart wechselt, ohne die stilistische Einheit des Buches zu gefährden: Neben die saloppe und schnoddrige Plauderei setzt er lyrische Passagen und hymnische Fragmente, ein schmetterndes Furioso klingt in einer zögernden Reflexion aus, von einem beiläufig erzählten Scherz oder einer sarkastischen Beschreibung geht er unbekümmert zur Litanei oder zu ironisch-pathetischen Anrufen über."

Heiko Büscher kennzeichnet die sprachliche Funktion des Autors und seiner Romanfigur Oskar Matzerath wie folgt: „Vom Autor als Sprachartist in die Welt gesetzt, entledigt sich die Erzählfigur dieser Aufgabe mit einer furiosen Sprachgewandtheit. Dabei steht ihrer Fabulierbegier ein erzähltechnisches Instrumentarium zur Verfügung, in dem die Sprachregister etwa des dialogischen Umgangstons, der ironischen Rede und Reflexion, der detaillierten Milieuschilderung und der surrealistischen Groteske virtuos gezogen werden können. Zudem kann sie auf einen reich bestückten Sprachvorrat zurückgreifen: Dialekt und Umgangssprache, Wendungen des Volksmundes, Sprichwörter, Alltagsweisheiten, Allgemeinplätze, vulgärsprachliche Ausdrücke, Modewörter, Floskeln und Füllsel. Dieses Sprachmaterial ist weitgehend von sich aus schon handgreiflich wirklichkeitsnah, von plastischer Bildhaftigkeit, originell und vor allem authentisch. Auch Wortschatz und Diktion von Sonder- und Fachsprachen werden aufgenommen und so eingesetzt, daß das Milieu, das beschrieben wird, immer auch sprachlich gegenwärtig ist und daß die Gruppe, die geschildert wird, stets in ihrer Sprache agiert."

Büscher weist darauf hin, daß Grass bei der Gestaltung seiner Prosa der Forderung seines Lehrers Alfred Döblin nachgekommen ist: „Von Perioden, die das Nebeneinander des Komplexen wie das Hintereinander rasch zusammenzufassen erlauben, ist umfänglicher Gebrauch zu machen. Rapide Abläufe, Durcheinander in bloßen Stichworten; wie überhaupt an allen Stellen die höchste Exaktheit in suggestiven Wendungen zu erreichen gesucht werden muß. Das Ganze darf nicht erscheinen wie gesprochen, sondern wie vorhanden."

Angesichts der Fülle des Materials ist es nur möglich, auf einige wichtige Beispiele einzugehen und stichwortartig besondere stilistische Merkmale des Romans, der in sprachlicher Hinsicht in die Reihe Laurence Sterne, „Tristram Shandy" — James Joyce, „Ulysses" — Alfred Döblin, „Berlin Alexanderplatz" — Hermann Broch, „Der Tod des Vergil" und Thomas Mann, „Die Bekenntnisse des Hochstaplers Felix Krull" gehört, herauszustellen.

Erzählerperspektive: Der Roman „Die Blechtrommel" beginnt als Ich-Erzählung: „Ich bin Insasse einer Heil- und Pflegeanstalt ..." Erzähler ist der Gnom Oskar Matzerath; die von ihm angewandte Technik des Erzählens kennzeichnet er wie folgt:

„Man kann eine Geschichte in der Mitte beginnen und vorwärts wie rückwärts kühn ausschreitend Verwirrung anstiften. Man kann sich modern geben, alle Zeiten, Entfernungen wegstreichen und hinterher verkünden oder verkünden lassen, man habe endlich und in letzter Stunde das Raum-Zeit-Problem gelöst. Man kann auch ganz zu Anfang behaupten, es sei heutzutage unmöglich, einen Roman zu schreiben, dann aber, sozusagen hinter dem eigenen Rücken, einen kräftigen Knüller hinlegen, um schließlich als letztmöglicher Romanschreiber dazustehen ..."

Oskar selbst fühlt sich als Romanheld: „Ich beginne weit vor mir; denn niemand sollte sein Leben beschreiben, der nicht die Geduld aufbringt, vor dem Datieren der eigenen Existenz wenigstens der Hälfte seiner Großeltern zu gedenken."

So beginnt die „Blechtrommel" als „Familienroman" mit der Geschichte der Großmutter Anna Bronski im Jahre achtzehnhundertneunundneunzig. Charakteristisch ist die im Roman immer wieder vorkommende Verbindung der personalen Ich-Perspektive und der auktorialen Perspektive des „allwissenden" Autors (Günter Grass), der über seinen Figuren steht und von ihnen berichtet. Die Verbindung dieser beiden Erzählperspektiven findet sich oft in zwei unmittelbar aufeinanderfolgenden, eng miteinander verbundenen Sätzen, manchmal sogar im Verlaufe ein und desselben Satzes.

B e i s p i e l e :

„Ich glaube, Greff trug m i c h hoch. Im Wohnzimmer erst tauchte O s k a r wieder aus jener Wolke auf, die wohl zur Hälfte aus Himbeersirup und zur anderen Hälfte aus s e i n e m jungen Blut bestand ..." (Glas, Glas, Gläschen)

„Dr. Dösch empfing m i c h mit offenen Armen. O s k a r war froh, daß er i h n nicht an sich drückte. Die Schreibmaschine eines grünen Pullovermädchens schwieg, als i c h eintrat. Dösch meldete m i c h beim Chef an. O s k a r nahm Platz ..." (Der Ringfinger)

„O s k a r, der auch nichts eingestand, doch ein belastendes Fingerchen im Weckglas besaß, verurteilten sie des Roggenfeldes wegen, nahmen i h n aber nicht für voll und lieferten m i c h in die Heil- und Pflegeanstalt zur Beobachtung ein. Allerdings floh O s k a r, bevor sie i h n verurteilten und einlieferten, denn i c h wollte durch meine Flucht den Wert jener Anzeige, die m e i n Freund Gottfried machte, erheblich steigern ..." (Dreißig)

Innerer Monolog: „Von Anfang an war mir klar: Die Erwachsenen werden dich nicht begreifen, werden dich, wenn du für sie nicht mehr sichtbar wächst, zurückgeblieben nennen, werden dich und ihr Geld zu hundert Ärzten schleppen, und wenn nicht deine Genesung, dann die Erklärung für deine Krankheit suchen. Ich mußte also, um die Konsultationen auf ein erträgliches Maß beschränken zu können, noch bevor der Arzt seine Erklärung abgab, meinerseits den plausiblen Grund fürs ausbleibende Wachstum liefern ..." (Glas, Glas, Gläschen)

Verlebendigung der Vorgänge durch Personifizierung:

B e i s p i e l e :

,,Die Schreibmaschine eines grünen Pullovermädchens schwieg, als ich eintrat, holte dann alles nach, was sie meines Eintritts wegen versäumt hatte. Die Schreibmaschine hielt die Luft an, ein Sog nahm mich vom Polster, ein Teppich floß durch einen lichten Saal, der Teppich nahm mich mit, bis ein Stahlmöbel mir sagte ..." (Der Ringfinger)

,,Der Nachmittag kroch über die Museumsfassade. Von Kringel zu Kringel turnte er, ritt Nymphen und Füllhörner, fraß dicke, nach Blumen greifende Engel, ließ reifgemalte Weintrauben überreif werden, platzte mitten hinein in ein ländliches Fest, spielte Blindekuh, schwang sich auf eine Rosenschaukel, adelte Bürger, die in Pluderhosen Handel trieben, fing einen Hirsch, den Hunde verfolgten ..." (Niobe)

,,Ein bißchen Wind klönte im Krautfeuer, die Telegrafenstangen zählten sich lautlos, der Schornstein der Ziegelei behielt Haltung ..." (Der weite Rock)

Abtasten der Begriffe, der Wortbedeutung an Hand einer Leitvokabel durch ständige Wiederholung derselben:

B e i s p i e l e :

,,Andreas, den sie aufs schräge Kreuz nagelten — deshalb Andreaskreuz. Außerdem gibt es ein Griechisches Kreuz neben dem Lateinischen Kreuz oder Passionskreuz. Wiederkreuze, Krückenkreuze und Stufenkreuze werden auf Stoffen, Bildern und Büchern abgebildet. Das Tatzenkreuz, Ankerkreuz und Kleeblattkreuz sah ich plastisch gekreuzt. Schön ist das Glevenkreuz, begehrt das Malteserkreuz, verboten das Hakenkreuz, de Gaulles Kreuz, das Lothringer Kreuz, man nennt das Antoniuskreuz bei Seeschlachten: Crossing the T. Am Kettchen das Henkelkreuz, häßlich das Schächerkreuz, päpstlich des Papstes Kreuz, und jenes Russenkreuz nennt man auch Lazaruskreuz. Dann gibt's das Rote Kreuz. Blau ohne Alkohol kreuzt sich das Blaue Kreuz. Gelbkreuz vergiftet dich, Kreuzer versenken sich, Kreuzzug bekehrte mich,

Kreuzspinnen fressen sich, auf Kreuzungen kreuzt ich dich, kreuz und quer, Kreuzverhör, Kreuzworträtsel sagt, löse mich. Kreuzlahm, ich drehte mich, ließ das Kreuz hinter mir, und auch dem Turner am Kreuz wandte ich meinen Rücken auf die Gefahr hin zu, daß er mich ins Kreuz träte . . .'' (Kein Wunder)

,,Glaube — Hoffnung — Liebe'' konnte Oskar lesen und mit den drei Wörtchen umgehen wie ein Jongleur mit Flaschen: leichtgläubig, Hoffmannstropfen, Liebesperlen, Gutehoffnungshütte, Liebfrauenmilch, Gläubigerversammlung . . .'' (Glaube — Hoffnung — Liebe)

,,Löffel und Tellerrand. Guste lächelte breit über dem Löffel. Ehlers sprach über den Löffel hinweg. Vinzent suchte zitternd neben dem Löffel. Nur die alten Frauen, die Großmutter Anna und Mutter Truczinski, waren ganz und gar den Löffeln ergeben, während Oskar sozusagen aus dem Löffel fiel, sich davonmachte, während die noch löffelten, während die anderen hinter den Löffeln immer gedankenloser und leergelöffelter schrumpften, wenn sie auch die Löffelsuppe in sich hineinschütteten . . .'' (Die Ohnmacht zu Frau Greff tragen)

Bildung von Wortketten und Satzreihen zwecks Erreichung gegenständlicher Vielfalt (Detailanhäufung und Variationsprinzip):

B e i s p i e l e :

,,Meine Mama mühte sich mit mir durch den Labesweg zum Geschäft, zu den Haferflocken, zum Petroleum neben dem Heringsfäßchen, zu den Korinthen, Rosinen, Mandeln und Pfefferkuchengewürzen, zu Dr. Oetkers Backpulver, zu Persil bleibt Persil, zu Urbin, ich hab's, zu Maggi und Knorr, zu Kathreiner und Kaffee Hag, zu Vitello und Palmin, zu Essig-Kühne und Vierfruchtmarmelade, zu jenen beiden in verschiedenen Stimmlagen summenden Fliegenfängern führte mich Mama . . .'' (Kein Wunder)

,,Es war in den ersten Septembertagen. Die Sonne stand im Zeichen der Jungfrau. Merkur machte mich kritisch, Uranus einfallsreich, Venus ließ mich ans kleine Glück, Mars an meinen Ehrgeiz glauben. Im Haus des Aszendenten stieg die Waage auf, was mich empfindlich stimmte. Neptun bezog das zehnte, das Haus der Lebensmitte, und verankerte mich zwischen Wunder und Täuschung. Saturn war es, der im dritten Haus in Opposition zu Jupiter mein Herkommen in Frage stellte . . .'' (Falter und Glühbirne)

,,Afrika suchte ich unter den Röcken meiner Großmutter, womöglich Neapel, das man bekanntlich gesehen haben muß. Da flossen die Ströme zusammen, da war die Wasserscheide, da wehten besondere

Winde, da konnte es aber auch windstill sein; da rauschte der Regen, aber man saß im Trockenen, da machten die Schiffe fest oder die Anker wurden gelichtet, da saß neben Oskar der liebe Gott, da putzte der Teufel sein Fernrohr, da spielten Engelchen blinde Kuh; unter den Röcken meiner Großmutter war immer Sommer, auch wenn der Weihnachtsbaum brannte, auch wenn ich Ostereier suchte oder Allerheiligen feierte ..." (Schaufenster)

„In der heiligen Messe wird die Blutvergießung Christi erneuert, damit es fließe zu deiner Reinigung, das ist der Kelch seines Blutes, wird der Wein wirklich und wahrhaftig, sooft das Blut Christi vergossen wird, das wahre Blut Christi ist vorhanden, durch die Anschauung des heiligen Blutes, die Seele wird mit dem Blut Christi besprengt, das kostbare Blut, mit dem Blute gewaschen, bei der Wandlung fließt das Blut, das blutbefleckte Korporale, die Stimme des Blutes Christi dringt durch alle Himmel, das Blut Christi verbreitet einen Wohlgeruch vor dem Angesichte Gottes ..." (Kein Wunder)

Assoziativ bedingte Auflösung von Satzeinheiten (Wiedergabe fluktuierender Sinneseindrücke):

Beispiele:

„Wenn ich nur rot sage, will rot mich nicht, läßt seinen Mantel wenden: schwarz, die Köchin kommt, schwarz, schreckt mich gelb, trügt mich blau, blau glaub ich nicht, lügt mir nicht, grünt mir nicht: grün ist der Sarg, in dem ich grase, grün deckt mich, grün bin ich mir weiß: das tauft mich schwarz, schwarz schreckt mich gelb, gelb trügt mich blau, blau glaub ich nicht grün, grün blüht mir rot, rot war die Brosche der Schwester Inge, ein rotes Kreuz trug sie ..." (Karfreitagskost)

„Nach dem dritten Credo, nach Vater, Schöpfer, sichtbarer und unsichtbarer, und den eingeborenen Sohn, aus dem Vater, wahrer vom wahren, gezeugt, nicht geschaffen, eines mit dem, durch ihn, um unseres ist er von herab, hat angenommen durch, aus, ist geworden, wurde sogar für, unter hat er, begraben, auferstanden gemäß, aufgefahren in, sitzet zur des, wird in zu halten über und Tote, kein Ende, ich glaube an, mit dem, zugleich, hat gesprochen durch, glaube an die eine, heilige katholische und ..." (Kein Wunder)

Kontraktionen und Wortkoppelungen:

Beispiele:

„Ohtannenbaum — Meersternichdichgrüße — Mariazulieben — Jesusdir-

lebichJesusdirsterbich — Miteinemspielzweicontradreischneiderviermal-
kreuzistachtundvierzigoderzwölfpfennige — ohnezweispieldreimalgrand-
istsechzigverlorenhundertzwanzigoderdreißigpfennige.

Bindfadenknotengeburt — Kolonialwarenladengeruch — Kolonialwaren-
händlerinsünden — Hausputzbackwaschundbügelsonnabend — karbolver-
hüllt — jazzwiederkäuend.

Humorvoll-drastische Ausdrucksweise zur Verbildlichung
der Darstellung:

B e i s p i e l e :

„Mama führte mich in eine Zelle des Damenbades, verlangte von mir,
daß ich mich nackt im Familienbad zeigte, während sie, die damals
schon üppig über die Ufer trat, ihr Fleisch in ein strohgelbes Bade-
kostüm goß. Um dem tausendäugigen Familienbad nicht allzu bloß zu
begegnen, hielt ich mir meine Trommel vors Geschlecht und legte mich
bäuchlings in den Seesand, wollte auch nicht ins einladende Ostsee-
wasser, sondern meine Scham im Sand aufbewahren und Vogelstrauß-
politik betreiben . . .'' (Die Tribüne)

„Ein Sonntag im Schloßpark. Goldfische und Schwäne, die Hand in
Hand mit einem Fotografen arbeiteten. Nicht nur im Schloßpark war
Sonntag, auch vor dem Eisengitter und in der Straßenbahn und im
Kurhaus Glettkau, wo wir zu Mittag aßen, während die Ostsee, als
hätte sie nichts anderes zu tun, unentwegt zum Baden einlud, überall
war Sonntag. Als uns die Strandpromenade nach Zoppot führte, kam
uns der Sonntag entgegen, und Matzerath mußte für alle Kurtaxe
zahlen . . .'' (Die Tribüne)

„Es tönt und wogt noch heute in mir, denn es ereignete sich in der
Waldoper Zoppot, wo unter freiem Nachthimmel Sommer für Sommer
Wagnermusik der Natur anvertraut wurde . . .

Ein lauer Sommerabend, die Waldoper voll und ganz ausländisch. Es
wurde der Fliegende Holländer gegeben. Ein Schiff schob sich mehr
waldfrevelnd als seeräubernd aus jenem Wald, welcher der Waldoper
den Namen gegeben hatte. Matrosen sangen die Bäume an. Ich schlief
ein, und als ich erwachte, sangen noch immer Matrosen oder schon
wieder Matrosen: Steuermann halt die Wacht . . ., aber Oskar entschlief
abermals, freute sich im Entschlummern, daß seine Mama solchen An-
teil an dem Holländer nahm, wie auf Wogen glitt und wagnerisch ein-
und ausatmete. Sie merkte nicht, daß Matzerath und ihr Jan hinter vor-
gehaltenen Händen verschieden starke Bäume ansägten, daß auch ich

immer wieder dem Wagner aus den Fingern rutschte, bis Oskar endgültig erwachte, weil mitten im Wald ganz einsam eine schreiende Frau stand. Gelbhaarig war die und schrie, weil ein Beleuchter, wahrscheinlich der jüngere Formella, sie mit einem Scheinwerfer blendete und belästigte. „Nein!" schrie sie, „Weh mir!" und: „Wer tut mir das an?" Aber der Formella, der ihr das antat, stellte den Scheinwerfer nicht ab, und das Geschrei der einsamen Frau ging in ein silbern aufschäumendes Gewimmer über. Oskar mußte einspringen und mit einem einzigen, fernwirkenden Schrei jenen Scheinwerfer töten.

Daß es Kurzschluß, Finsternis, springende Funken und einen Waldbrand gab, war nicht von mir beabsichtigt, verlor ich doch im Gedränge nicht nur meine Mama und die beiden unsanft geweckten Herren; auch meine Trommel ging in dem Durcheinander verloren.

Diese, meine dritte Begegnung mit dem Theater brachte Mama, die nach dem Waldopernabend Wagner, leicht gesetzt, in unserem Klavier beheimatete, auf den Gedanken, mich im Frühjahr vierunddreißig mit der Zirkusluft bekanntzumachen . . ." (Die Tribüne)

GÜNTER GRASS' ROMAN „DIE BLECHTROMMEL"
IM URTEIL DER LITERATURKRITIK

Grass' Weg zum Durchbruch war nicht einfach. Hitlerjunge, Luftwaffenhelfer, Kriegsgefangener, Landarbeiter, Bergmann heißen die ersten Stationen seines Lebens. 1947 versucht er, in Göttingen das Abitur nachzuholen; aber als der Geschichtslehrer von der Emser Depesche anfängt, hat er „die Nase voll". Dann meißelt er als Steinmetz Grabsteine, läßt sich von Krankenschwestern durchfüttern, lernt in der Düsseldorfer Kunstakademie zeichnen und modellieren, verstärkt nebenbei den Lärm einer Jazzband auf einem Waschbrett, geht nach Berlin, wird von Gottfried Benn empfohlen, heiratet eine schweizerische Tänzerin, veröffentlicht 1956 sein erstes Buch „Die Vorzüge der Windhühner", einen mit eigener Graphik bereicherten Gedichtband, zieht im gleichen Jahr nach Paris, um dort bis 1959 „Die Blechtrommel" zu vollenden.

Da spricht Ende 1959 eine unabhängige Jury Grass den mit 8000 DM dotierten Bremer Literaturpreis zu; der Bremer Senat erkennt die Entscheidung nicht an, nimmt an Obszönität und Blasphemie in der „Blechtrommel" Anstoß — Wirklich nur daran? Tut er es nicht vielleicht auch deshalb, weil er fühlt, daß dieser schnauzbärtige Schriftsteller, den Enzensberger einen „verständigen Anarchisten" nennt, im Grunde auch ihn angreift? Doch wie dem auch sei, die Diskussion wird auf unkünstlerische Gesichtspunkte verlagert. Und man ist wohl empört, findet das wohl widerlich, aber man kauft „Die Blechtrommel". „Die Blechtrommel" gehört nämlich zu den Büchern, die man gelesen haben muß. Der Skandal verhilft Grass zum Erfolg. In vier Jahren bringt ihm „Die Blechtrommel" 400 000 DM ein. Grass ist finanziell gesichert. Schnauzbärtig sitzt er in seinem Arbeitszimmer in Berlin-Grunewald und sinnt vor Danziger Stadtplänen auf neue Boshaftigkeiten . . .

(Reinhold Klinge/Gerhard Günther)

Ungeachtet der schier unerschöpflichen epischen Breite, ungeachtet der Episodenfülle, der skurrilen Details und erzählerischen Gags erscheint „Die Blechtrommel" als ein relativ überschaubares Buch. Der Roman ist in drei große Erzählstücke eingeteilt, die, als Bücher markiert, jeweils am Ende wichtige Zäsuren setzen und einen entscheidenden Lebensabschnitt Oskars behandeln, Phasen seiner Biographie, die zugleich identisch ist mit einem wichtigen Kapitel der jüngsten deutschen

Geschichte, etwa den Zeitraum von 1900 bis 1954 umspannend. Das erste Buch beginnt bei der Zeugung der Mutter, zeigt dann Oskars Geburt und frühe Jugendjahre bis hin zur Verfinsterung der politischen Szene, nämlich zum Ausbruch der Kristallnacht, deren Darstellung am Ende steht. Das zweite Buch behandelt die Kriegsjahre, angefangen bei dem Überfall auf die polnische Post in Danzig bis hin zu Oskars Flucht aus Danzig in Begleitung seiner ehemaligen Geliebten und jetzigen Stiefmutter Maria und seines Stiefbruders oder vielmehr Sohnes Kurt. Das dritte Buch, das die Nachkriegszeit und Oskars Schicksal in Düsseldorf behandelt, reicht bis zu jenem Ringfingerprozeß, der zu Oskars Einlieferung in die Heilanstalt führt, wo Oskar bei Erzählbeginn weilt und unter Aufsicht seines gutmütigen Wärters Bruno Münsterberg sein vorangegangenes Leben reflektiert. Hier am Ende des Romans wird also eine syntaktische Zusammenführung der beiden Zeitebenen sichtbar, eine Vereinigung von Erzählgegenwart und erinnertem Schicksal Oskars. In diesem Sinne läßt sich von einer formalen Abrundung des Romans sprechen. Trotz der chaotischen Details also eine bemerkenswert klar erkennbare Gliederung, deren erzählerische Verwirklichung noch dadurch überschaubarer gemacht wird, daß der Erzähler und der Protagonist der Erzählung identisch sind, also Oskar jeweils unter einer bestimmten Perspektive Ereignisse berichtet, in deren Mittelpunkt er selber steht.

(Manfred Durzak)

Günter Grass hat mit einer unerschöpflich erscheinenden erzählerischen Phantasie, mit dem vitalsten sinnlichen Temperament in seinem Roman „Die Blechtrommel" (1959) eine Vielheit von tradierten Formenmöglichkeiten mit einer epischen Originalität verbunden, die vielleicht ihre Parallele bei Alfred Döblin hat. Autobiographisches, gesättigt von erfahrenem östlichen Milieu, von durchlebter Atmosphäre, gibt das Fundament des Zeit- und Sozialkritischen, das auf realistischer Grundlage die empirischen Züge sprengt. Die Kritik potenziert sich zur aggressiven Bürgersatire, bis zur provokativen Entblößung, aber sie wird zugleich mit freizügigem Fabulieren ins Groteske getrieben, ins Gelächter über das Absurde verwandelt. Grass' Weltaufnahme vom Körperlichen her, vom Materiellen der Dinge wird ausgewogen durch die Souveränität der produktiven Phantasie, die mit der Lust am Skurrilen eine Freiheit des Fabulierens bewahrt, die sich doch ganz ans Sinnliche bindet. Die überströmende Stoff- und Gestaltenfülle führt zur Aufladung mit Episodischem, zur Panoramaform einer Zeit- und Weltwanderschaft, die an den barocken Schelmenroman erinnert. Diesen epischen Reichtum, der alles wagt, vor keiner Provokation zurückschreckt, durchdringt jedoch ein für

Architektur und Wirkungen aufmerksamer Kunstverstand, der das Stoffliche und die Effekte, auch wo sie zu überborden scheinen, genau kalkuliert und ordnet.

(Fritz Martini)

„Die Blechtrommel" ist ein Entwicklungs- und Bildungsroman. Strukturell zehrt das Buch von den besten Traditionen deutscher Erzählprosa. Es ist mit einer Sorgfalt und Übersichtlichkeit komponiert, wie man sie von den Klassikern her kennt. Herkömmlich ist auch die hochgradige Verknüpfung der Handlung und Motive. Der Autor zeigt eine Beherrschung seines Metiers, die nachgerade altmodisch erscheint, wenn er seinen Text soweit integriert, daß kaum ein Faden fallengelassen, kaum ein Leitmotiv ungenutzt bleibt. Vor den Forderungen des Handwerks beweist Grass, was man ihm sonst nicht nachsagen kann: Respekt.

(Hans Magnus Enzensberger)

Grass will nicht überzeugen, sondern provozieren, nicht bekehren, sondern wachrütteln. Er will nichts verkünden, aber er möchte alles zeigen. Er befaßt sich nicht mit Problemen, er bietet Visionen. Diesen Erzähler faszinieren nicht Konflikte, sondern Bilder ...

In der „Blechtrommel" finden sich Szenen aus der Sexualsphäre, die an Freimütigkeit gewiß nichts zu wünschen übriglassen, jedoch zugleich die Virtuosität des Erzählers beweisen ... Derartige Passagen verraten, daß dem Anfänger Grass noch an einem simplen Bürgerschreck gelegen war, und geben dem Buch hier und da einen Stich ins Pubertäre. Gewiß könnte der Infantilismus des Ich-Erzählers vieles legitimieren, aber schließlich ist es nicht Oskar Matzerath, der den Roman geschrieben hat.

Auch in manch anderer Hinsicht ist dieses ungewöhnliche Werk von den Makeln eines Erstlings nicht frei ... Nicht etwa ein Mangel, sondern eher eine Überfülle an Einfällen ist zu beklagen, denn vieles bleibt unverarbeitet, oft finden sich in dem überladenen Prosagebilde unverdaute und vielleicht auch unverdauliche Brocken ... Die Feinde eines so außerordentlichen Talents sind vor allem in seiner eigenen Brust zu suchen. Indem Grass sich gelegentlich zur Überspitzung und Überpointierung hinreißen läßt, verdirbt er bewundernswerte Einfälle ...

(Marcel Reich-Ranicki)

Grass erfand den Gnom Oskar Matzerath, der vor Hitler emigriert, und der in eine neue Zeit hinüberwechselt und Opportunist bleibt. Oskar ist **der Widerspruch** unserer Zeit: das Teuflisch-Unvollkommene, die Versuchung, unvollkommen zu sein und zu bleiben, Haß und Zorn und

Spott auf eine Gegenwart, die sich dem sicheren Zugriff entzogen hat, Jasager und Neinsager, alles bunt gemischt, Kauz und Schalk, aber auch Blödling, Irrer, Idiot und Kretin. Oskar trommelt in und gegen eine Zeit, der das Selbstverständnis verlorengegangen ist, er ist das muffige Unbehagen gegen die Zeit, in der er zu leben gezwungen ist. Und wenn er ein Kretin ist, dann sind die Zeitgenossen alle in irgendeiner Weise vom Kretinismus befallen, und die Wachstumshemmung des Oskar versinnbildlicht den allgemeinen Mißwuchs.

(Manfred Bourrée)

In der deutschen Literatur ist seit langer Zeit nicht mehr so atemberaubend, aus solcher Fülle der Gesichter und Geschichten, der Figuren und Begebenheiten, der Realitäten und Sur-Realitäten, erzählt worden. Oskar Matzerath hat mehr vorzubringen, als den meisten zeitgenössischen Romanciers für ein Lebenswerk zur Verfügung steht ...

(Joachim Kaiser)

Die Gefühle, mit denen wir die „Blechtrommel" lesen, sind zwiespältig. Sagen wir es ohne Beschönigung: Der Roman ist ein inhumanes Buch, ein unmenschliches Werk, das keine Rücksichten kennt und auch keine nimmt. Siebenhundertvierunddreißig Seiten lang treibt der Autor mit Entsetzen Spott, führt uns mit sardonischem Grinsen durch die Tiefen und Untiefen des Daseins und erspart uns keine, nicht eine einzige Desillusion. Selbst unvoreingenommene Leser werden bei gewissen Kruditäten aufschreien. Denn Grass gönnt ihnen keine Ruhepause, er jagt sie pausenlos durch alle Kreise des Infernos, hohnlachend und mit einer so gesunden Verdorbenheit, daß man nicht dagegen ankommt.

(Walter Widmer)

Grass' Blindheit gegen alles Ideologische feit ihn vor der Versuchung, der so viele Schriftsteller erliegen, der nämlich, die Nazis zu dämonisieren. Grass stellt sie in ihrer wahren Aura dar, die nichts Luziferisches hat: in der Aura des Miefs. WHW, BdM, KDF, aller höllischen Größe bar, erscheinen als das, was sie waren: Inkarnationen des Muffigen, des Mickrigen und des Schofeln.

(Hans Magnus Enzensberger)

Immer wieder betont Grass das Konkrete, Sinnliche seiner Schreib- und Arbeitsweise. „Ich bin auf Oberfläche angewiesen", sagt der ehemalige Bildhauer, „ich gehe vom Betastbaren, Fühlbaren, Riechbaren aus." Daß dieser Autor trotzdem nicht ganz zum allwissenden Erzähler vergangener Zeiten wird, der gottähnlich über seinen Figuren und Schauplätzen schwebt, dafür sorgt die Ich-Perspektive, durch die Grass in der „Blechtrommel" einen bestimmten Ausschnitt der Wirklichkeit schildert, jenen pars pro toto, der als Kennzeichen moderner Literatur überhaupt gelten kann.

(Geno Hartlaub)

Die epische Gewissenhaftigkeit mag bei einem Autor erstaunen, an dem man doch in erster Linie den Reichtum der Einfälle und die Phantasie gelobt hat, bei dem man den Eindruck hat, als ströme es nur aus ihm heraus. Aber man sieht, es ist eine Phantasie, die sich an die Wirklichkeit hält. Wenn der Unheld der „Blechtrommel", Oskar, im Nachtlokal „Zwiebelkeller" trommelt, dann konnte Grass aus eignem schöpfen, war er doch in den Jahren 1951—1953 in Düsseldorf Mitglied einer Jazzband, und wenn der gleiche Oskar bei einem Steinmetz arbeitet, dann konnte sich Grass an seine eigene Steinmetzlehre erinnern. So hat seinen Einfällen nichts Zuverlässigeres als das Leben selbst Pate gestanden. Aber das Autobiographische ist nur ein Medium, durch das der Künstler seine Stimme vernehmen läßt.

(Hugo Loetscher)

Ein Erziehungs- und Bildungsprogramm besonderer Prägung, dazu ein höchst kunstvoll komponiertes Meisterwerk, was das Handwerkliche betrifft, ein historischer Roman, der wohl dereinst zusammen mit dem „Wilhelm Meister", dem „Grünen Heinrich" und Döblins „Berlin Alexanderplatz" als Prototyp des großen Romans genannt werden wird. Dabei keineswegs modernistisch, keinerlei Stilmätzchen, keine Rückblenden oder andere Maschen heutiger Erzähler. Scheinbar ohne jedes Vorbild, aus sich selbst gezeugt, parthenogenetisch entstanden, wie Joyce und Kafka, überwältigend und außerordentlich offenbart sich hier das spontane Urtalent eines großartigen Erzählers.

(Walter Widmer)

Gegen die oft vertretene These, die „Blechtrommel" sei ein Entwicklungs-, ein Bildungsroman oder auch ein Mißbildungsroman, spricht einmal, daß man bei der Figur Oskar weder im herkömmlichen Sinne von Entwicklung reden, noch in ihr ein Individuum sehen kann, das mit psychologischer Folgerichtigkeit zu einer Persönlichkeit reift. Zum andern nimmt Oskar weder seinen Weg durch die Gesellschaft, geht in sie ein oder gar in ihr auf oder entwickelt sich von ihr weg, noch steht er überhaupt im Sozialen und hat Konflikte, wie sie ein Individuum mit seiner Umwelt haben kann ...

Wilfried van der Will in seiner Abhandlung „Pikaro heute" macht auf folgende Züge aufmerksam: die häufigen Orts- und Berufswechsel, die Neigung zum Diebstahl, die Schläue und Gerissenheit, den Glücksutopismus, das periodisch wiederkehrende Bewußtsein völliger Vereinsamung, das Verlangen nach Zuflucht und Geborgenheit, die Freude am Betrachten von Fotos und eigenen Porträts und den dabei zutage tretenden Narzismus, die Freude am Artistischen, das Vergnügen, die kleinbürgerliche Welt bis in alle Winkel hinein zu durchforschen, eine pseudo-naive Phantasie und nicht zuletzt sein Vergnügen am Rollen- und Maskenspiel. Oskar beobachtet aus seiner Perspektive, ist von der Menge abgerückt, ist Einzelgänger. Die egozentrische Ausrichtung seiner Anschauungen läßt ihn ihm gegenüber allen Einflüssen seiner Umwelt gleichgültig und immun werden . . .

Oskar, den alles angeht, der alles auf seine Weise angeht, Oskar, der alles berührt, den aber selbst im Grunde nichts berührt . . ., scheint keinen Ausweg mehr zu finden . . . Das Motiv der Rückkehr und Flucht ist deutlich. Röcke, Gitterbett, Särge, Gräber, Schränke werden Chiffren für das gesuchte Refugium. Die bipolaren Bilder: Goethe und Rasputin, Jesus und Satan, weiße Krankenschwester und schwarze Köchin zeigen stärker ihre Schattenseiten. Und der Leser muß sich eingestehen, daß es Mühe macht oder sogar unmöglich ist, das Maskenspiel des Erzählers zu durchschauen, obwohl die Charakterkontinuität der Figur beibehalten wird und ihre Identität auch dann nicht verlorengeht, wenn ihr die verschiedenartigsten Verkleidungen und Rollen auferlegt werden . . .

(Heiko Büscher)

Oskar erweist sich seinen Familienangehörigen dadurch überlegen, daß in ihm selbst gleichsam eine moralische Instanz intakt bleibt, die das als eigene Schuld anerkennt, was nach außen hin einem andern, nämlich Matzerath zugesprochen wird. Eine Gewissensinstanz, der ebenso die Schuld an Jan Bronskis Tod, den er seiner Trommel wegen in die polnische Post lockte, wo er dann umkommt, bewußt ist wie die Schuld am Tod von Alfred Matzerath, dessen Pg-Abzeichen Oskar versteckt, um es dann in Gegenwart der Russen wieder ans Tageslicht zu bringen, so daß der verängstigte Matzerath bereits halb an der Nadel, die er verschlucken will, erstickt ist, bevor ein Russe sein MG-Magazin in ihn leert. Eine Gewissensbelastung, die schließlich dazu führt, daß Oskar aus Sühne vorerst auf weiteres Trommeln verzichtet und seine Trommel im Grabe Matzeraths mitbegräbt. Wie denn Oskar auch am Ende des Romans in einer wichtigen Szene, der letzten Konfrontation mit seinem Meister Bebra, alle seine Morde reumütig bekennt . . .

(Manfred Durzak weist darauf hin, daß in dem Roman eine Handlungs-
schicht enthalten ist, die man häufig übersieht: „Sie ist aber von Grass
mit Sorgfalt in Oskars Geschichte hineinverwoben, ja an entscheidenden
Punkten von Oskars Geschichte taucht jene Gestalt auf, die diese
Handlungsebene verkörpert: Gemeint ist Bebra ... Bebra ist sozusagen
von Oskars Geschlecht ..." Nach Durzak erscheint Bebra als Gegen-
figur zu Oskar, als eine Figur, die sich mit den neuen Machthabern
arrangiert, die „zwar den Schrecken der politischen Verfinsterung klar
im voraus erkannte, sich aber dennoch schrittweise, im Zuge immer
größerer Verschuldung, assimilierte".)

Oskar, der von dem am Ende des Romans sterbenden Bebra zum
Erben eingesetzt wird, ist auch in dem Sinn sein Erbe, daß er sich mit
der Schuld Bebras auseinanderzusetzen hat, sie als Hypothek gleichsam
übernimmt. Oskar wird auf diesem Hintergrund nicht nur zu einer
Kunstfigur, sondern auch zur Figur des Künstlers, dessen satirische
Entlarvung der Wirklichkeit nicht vor der eigenen Person haltmacht.

(Manfred Durzak)

Grass nützt die Möglichkeiten kritischer (politischer) Stellungnahme
nicht voll aus. „Die Blechtrommel" enthält weniger Anklage als die
meisten thematisch verwandten Romane dieser Zeit. Sie ist eine epische
Bestandsaufnahme deutscher Vorgänge insbesondere von den dreißiger
bis zu den fünfziger Jahren, die durch die Wahl des Erzählers und
einzelner Motive, wie Oskars Fähigkeit, durch Schreien Glas zum
Brechen zu bringen, wohl groteske Elemente enthält, insgesamt aber
ein durchaus in herkömmlicher Weise erzähltes Buch ist, angesichts
dessen alle Theorien von der Krise des Romans zu verblassen scheinen.
Die ungenierte Derbheit einzelner Abschnitte wird aufgewogen durch
Partien, die zum Eindringlichsten gehören, was die deutsche Epik der
letzten Jahrzehnte kennt.

(Werner Welzig)

Grass ist nur für den ein Ärgernis, der seine Augen in blindem Selbst-
vertrauen auf die Sicherheit seiner Existenz verschließt. Was er sagt,
ist immer in unmittelbarer Nachbarschaft zum Wahren, das er vertritt
und bekämpft. Grass hat die Grenzlinie aufgerissen, über die der
Mensch unseres Zeitalters taumelt. Sein Nein provoziert durch das in
ihm steckende Ja, das vielerlei Schattierungen trägt.

(Manfred Bourrée)

MATERIALIEN

CHRONOLOGIE DER „BLECHTROMMEL"-HANDLUNG

Erstes Buch

1899:	Verbindung des Joseph Koljaiczek mit Anna Bronski. Aus dieser Ehe geht Agnes Koljaiczek hervor.
1923:	Heirat des Kolonialwarenhändlers Alfred Matzerath mit Agnes Koljaiczek. Aus dieser Ehe geht Oskar Matzerath hervor.
1924:	Geburt des Oskar Matzerath.
1927:	Durch einen willentlich herbeigeführten Kellersturz stellt Oskar Matzerath als Dreijähriger sein Wachstum ein.
1927-1939:	Oskar Matzeraths Jugendzeit.

Zweites Buch

1939-1945:	Matzeraths Erlebnisse während des Zweiten Weltkrieges.

Drittes Buch

1946-1952:	Matzeraths Erlebnisse in der „Nachkriegszeit".
1952-1954:	Matzerath findet Aufnahme in einer Irrenanstalt und bringt dort seine Autobiographie zu Papier.

Im chronologischen Ablauf der Romanhandlung sind somit zu unterscheiden:
a) die erzählte Zeit, die den Abschnitt von 1899-1952 umfaßt;
b) die Erzählzeit, welche die Jahre 1952-1954 umfaßt.

Der Zweite Weltkrieg ist die entscheidende Geschichtsepoche, um die herum sich der Roman aufbaut: Vorgeschichte, Zentrum, Folgezeit. Als Erzähler muß Oskar Matzerath sich dabei einer Erzählperspektive bedienen, die ihn als einen Allwissenden ausweist; denn er berichtet Vorkommnisse, bei denen er nicht dabei gewesen sein kann, und Einzelheiten, die sich seiner Kenntnis entziehen müssen. Insofern bedient sich also Oskar Matzerath einer auktorialen Erzählweise, die für die traditionelle Erzählkunst des 19. Jahrhunderts charakteristisch war. (Siehe auch Edgar Neis, Struktur und Thematik der traditionellen und modernen Erzählkunst, Paderborn 1976).

ZEITBEZÜGE DES ROMANS „DIE BLECHTROMMEL"

(Hanspeter Bode, Die Zeitgeschichte in der „Blechtrommel" von Günter Grass in: Günter Grass, Materialienbuch, hrsg. von Rolf Geißler, Darmstadt/Neuwied 1976, S. 88 ff.)

Sehen wir uns im zeithistorischen Umfeld den merkwürdigen Protagonisten, diesen körperlich teils infantilen Burschen mit dem tadellos funktionierenden Gehirn näher an. Vor allem sind es zwei Grundzüge seiner Gestalt, die für unseren Frageansatz in Betracht kommen. Oskar Matzerath darf zum einen als Allegorie der Naziepoche verstanden werden; zum anderen ist eine bestimmte Schicht seiner komplexen Persönlichkeit als Hitler-Karikatur zu deuten. Zur Nazi-Allegorie nur folgendes – wir müssen uns auf wenige Hauptmomente beschränken: Das permanente Trommeln verweist sicherlich auf die die gesamte Zeitsituation prägende Aggressivität; es signalisiert martialisches Tun und militärische Disziplinierung. Schon gleich zu Beginn macht Grass diesen Verweisungscharakter von ‚Trommeln' deutlich, wenn er den Helden aus Anlaß seiner Geburt mitteilen läßt: „Darauf nahm ich wieder meine Trommel, ... schlug jenen schnellen, sprunghaften Rhythmus, dem alle Menschen vom August des Jahres vierzehn an gehorchen mußten." Man vergegenwärtige sich auch den semantischen Hof, den Oskar um sein Trommeln legt: Er spricht von „Trommelrevolvern, vom Trommelfeuer, man trommelt jemanden heraus, man trommelt zusammen, man trommelt ins Grab." Oskars vorgeblich infantile Trommelaktivität stellt tatsächlich den intensiven Kontakt zu den zerstörerischen Strebungen seines Zeitalters her.

Vergleichbares läßt sich zu seiner Fähigkeit sagen, mit schriller Stimme Glas zu zersingen. In einer Reihe von Szenen führt Grass vor, wie Oskar, vor allem seit Beginn der dreißiger Jahre, die destruktive Potenz seines Stimmorgans schult. Ab Ende 1932 – aus Anlaß einer entschlossenen Attacke gegen das Danziger Stadttheater – wird er, der „bislang nur aus zwingenden Gründen geschrien hatte" nun „zu einem Schreier ohne Grund und Zwang." Gegen den zeitgeschichtlichen Fundus gehalten, meint das wohl, daß mit der nahe bevorstehenden Machtergreifung der Nazis die Phase einer politisch-diplomatischen Wahrung nationaler Interessen zu Ende geht für Deutschland; willkürliche Innen- und Außenaggression beginnt um sich zu greifen. Das Zerscherben von Glas mag im weiteren Verlauf hindeuten auf die durch Krieg und Städtebombardierung verursachten gewaltsamen Beschädigungen militärischer und ziviler Objekte.

Häufiger läßt Grass die spitze Stimme seines Helden in Beziehung treten zu Kriegswaffen, Maschinengewehren, Flak, „V 1" und „V 2" und benennt das Organ schlicht mit dem Nazi-Terminus „Wunderwaffe." Wir dürfen also im Auge behalten, daß Trommeln ebenso wie Glaszerscherben Oskars wahre zeitgeschichtliche Funktion enthüllt. In ihm verkörpert sich das aggressive Zeitklima, er realisiert in seinem Bereich per Deminutiv und in bildhaft verschlüsselter Form, was das nationalsozialistische Deutschland im großen Maßstab unternimmt.

MEDIZINISCHES GUTACHTEN ÜBER DEN LEBENSLAUF DES OSKAR MATZERATH

(Quelle: eine nicht genannte medizinische Fachzeitschrift; entnommen aus: Gerd van Haalem, Der Zwergenwuchs aus wissenschaftlicher und historischer Sicht in: Volker Schlöndorff, „Die Blechtrommel", Darmstadt/Neuwied 1979, S. 151 f.)

Oskar, so heißt der Zwerg, wurde 1924 geboren, verbrachte seine Jugend in Danzig, erlebte Machtergreifung, den Krieg, den Einzug der Russen und schließlich die Auswanderung nach dem Westen. Im Alter von drei Jahren tat er einen Sturz über eine Kellertreppe, und von da an stand sein Wachstum still. Noch mit 18 Jahren maß er bloß 94 cm. Er blieb völlig infantil. Sein beliebtestes Spielzeug war eine Blechtrommel – daher der Name des Romans. Eine rechte Schulbildung wurde ihm nicht zuteil. Noch mit 16 Jahren erhielt er zu Weihnachten einen Schwan zum Schaukeln und einige Bilderbücher. Ein halbwüchsiges Mädchen, Maria, war seine erste Liebe, und es ist sehr aufschlußreich, die infantilen Liebesspiele mit diesem Mädchen zu verfolgen.

Als 20jähriger lief Oskar von zu Hause weg, um in einem Fronttheater als Liliputaner aufzutreten. Aus dieser Zeit stammt seine zweite Liebe, ein zwergwüchsiges Mädchen, das im gleichen Theater tätig war. Hier fand er einen gewissen körperlichen Kontakt, aber eine innere Verbindung kam nicht zustande. Oskar war innerlich kaum berührt, als dieses Mädchen kurz nach Beginn der Invasion einer verirrten Granate zum Opfer fiel.

Kurz nach Kriegsende, angeblich nach einem Schädeltrauma, begann Oskar zu wachsen. Er erreicht schließlich eine Länge von 121 cm. Während dieses Wachstumsschubes machte er eine gewisse Reifung durch.

Er gab das Trommeln auf, besuchte die Volkshochschule und das Theater, was ihm zu einem „großzügig lückenhaften Bildungsniveau" verhalf. Kurze Zeit fristete er sein Leben als Gehilfe bei einem Steinmetz, dann als Aktmodell in einer Kunsthalle. Da er dabei recht ordentlich verdiente, begann er seine Minderwertigkeitsgefühle in großzügiger Weise zu kompensieren. Er zog feine Kleider an und verkehrte in erstklassigen Restaurants. Er machte verschiedene Annäherungsversuche an Frauen, unter anderem an eine Krankenschwester, die er während eines Klinikaufenthaltes kennengelernt hatte, blieb aber stets in völlig infantilen Liebesbeziehungen stecken, „einer Hauptaktion ausweichend".

Als seine ehemalige Geliebte Maria einen Heiratsantrag ablehnte, sehnte er sich wieder nach seinem alten Zustand zurück: „Noch keine zwei Jahre war es her, da ich mich zum Wachstum entschlossen hatte, und schon war mir das Leben der Erwachsenen einerlei. Nach den verlorenen Proportionen des Dreijährigen sehnte ich mich. Unverrückbar wollte ich wieder 94 cm messen." Oskar begann wieder zu trommeln, wurde durch eine Konzertagentur hochgespielt, verdiente viel Geld, bereiste in seinen Konzertreisen halb Europa, landete aber schließlich in einer Nervenheilanstalt, wo er sich endlich wohl fühlte.

ÜBER DAS PHÄNOMEN DER ZWERGE

(Gerd van Haalem, ebda. S. 156 ff.)

Seit der menschlichen Frühzeit hat das Phänomen des Zwergs, d. h. Individuen mit kleiner Statur, das Interesse der Allgemeinheit erregt. In gewissem Sinn hat das Wort „Zwerg" zwei Bedeutungen: zum einen als Begriff für übernatürliche Lebewesen, zum anderen für besonders kleingeratene Lebewesen, besonders Menschen.

In der Bibel sind Zwerge nicht erwähnt. Auch in der mythologischen Welt des antiken Griechenland und Rom scheint es keine Zwerge gegeben zu haben, jedoch eine sehr große Anzahl von Riesen, wie z. B. Titan und Zyklop. Die nordischen Mythen haben dagegen einen Überfluß an Zwergen. Man glaubte, daß sie in Höhlen unter der Erde leben, zaubern können und hervorragende Metallbearbeiter seien. Thors Hammer und Odins Speer sind von ihnen verfertigt. Sie bilden eigene Staaten mit Königen (Laurin, Alberich). Unsichtbar machen sie sich durch die Tarnkappe. Wer einem Zwerg die Tarnkappe abnimmt, gewinnt Macht über ihn.

Die Macht der Zwerge, den Menschen zu nützen, kann sich aber auch bei Undankbarkeit in das Gegenteil verkehren. Märchen und Mythen sind voll solcher Geschichten.

Die besondere Vorliebe der nordischen Rasse für Zwerge als Figuren der Mythologie ist bisher nicht untersucht, sofern es reale, umweltbezogene Gründe haben könnte. Einige Mediziner nehmen an, daß das kalte Klima in der Frühzeit eine erhöhte Anzahl rachitischen Zwergwuchses hervorgerufen hat.

Künstlerische Darstellungen des Zwerges kann man bis ins alte Ägypten und Griechenland verfolgen. Der ägyptische Gott Bes wird mit übergroßem Kopf, kugelrundem Bauch und krummen, verwachsenen Beinen als typischer Zwerg dargestellt. Er war der Steuermann des Bootes, das die Seele des verstorbenen Pharaos zu den Inseln der Osiris brachte. Viele Pharaonen hielten sich aus diesem Grunde einen Zwerg, damit sie, die sie ja selber Götter waren, durch die Gegenwart eines Abbilds eines anderen Gottes an ihre menschliche Vergänglichkeit gemahnt wurden.

Im antiken Griechenland wurden Kinder in Truhen gesperrt, damit sie nicht mehr weiter wachsen und die lukrative Karriere eines Zwerges machen konnten. In den Salons der römischen Aristokratinnen tummelten sich nackte Zwerge. Allerdings wurde schon damals der Anblick eines Buckligen als schlechtes Omen gewertet. Wenn auch der Zwerg später ein komischer Charakter wurde und sein Bildnis auf einem Amulett Glück brachte, so ist dieser Prozeß nicht nur eine historische Entwicklung. Der Schrecken wurde durch Lachen gebannt, das Abbild des Häßlichen bannte das Böse. Das Christentum brachte da keine Änderung. Der Zwerg war von Gott geschlagen, und man sollte ihm besser aus dem Weg gehen. Im späten Mittelalter und in der Renaissance begann man sich sehr für Zwerge zu interessieren. Die Gründe dafür liegen wahrscheinlich in den stärker aufkommenden Naturbeobachtungen und dem daraus resultierenden Interesse für Absonderlichkeiten. An allen Fürstenhöfen gab es Zwerge, zumeist in der Funktion des Hofnarren. Bis ins 18. Jahrh. fehlte an kaum einem deutschen Fürstenhof ein „Kammerzwark". Peter der Große von Rußland versammelte alle Zwerge des Landes an seinem Hofe und veranstaltete die berühmte Zwergenhochzeit.

Die wesentliche Funktion des Zwerges bestand in der Belustigung der Gesellschaft. Aus der Haartracht des römischen Zwerges, der glattrasiert war bis auf ein kleines Krönchen, dem Hahnenkamm, entwickelte sich die Narrenkappe mit Eselsohren und Glöckchen. Aus dem hölzernen Schwert des Komikers leitete sich das kurze Stöckchen mit dem Narrenkopf am Ende ab. Die Besonderheit des Hofnarren war seine Freiheit, jederzeit ungestraft die Wahrheit sagen zu dürfen. Das wurde allerdings nicht immer eingehalten. Dieser besondere Status gab den Verwachsenen, den Abnormen, den Freaks an den Höfen einen quasi katharsischen Dauerauftrag. Elisabeth I. von England nannte einen Zwerg „Monarch", weil er ein so großer Herr war, daß er keines Landes bedürfe. Peter der Große nannte seinen Hofzwerg „König von Sibirien". Ähnlich wie die Pharaonen bedurften die Herrscher der Renaissance und des Barock der stetigen Erinnerung an die Vergeblichkeit und Lächerlichkeit ihres weltlichen Bemühens und ihrer Machtgelüste. Ähnlich wurde auch bei den Römern dem Triumphator auf seinem Zug durch die jubelnden Volksmassen ein Sklave oder eben manchmal ein Zwerg in seinem Triumphwagen mitgegeben, damit er nicht vergißt, was irdisch ist. Die Größe eines Kindes, die Häßlichkeit eines Monsters, das Bewußtsein eines Erwachsenen, der durch Leiden bis zum Zynismus forcierte Witz, die körperliche Schwäche und – zuweilen – geistige Stärke: all dies verlieh dem Zwerg eine außergewöhnliche Position bei Hofe. Vom Kobold über den Spielkameraden der Kinder bis hin zum einzig wahrhaftigen Ratgeber erstreckte sich seine Tätigkeit. Und all das (fast) immer im Kostüm des Narren.

VOM „BLECHTROMMEL"-ROMAN ZUM „BLECHTROMMEL"-FILM

Personenbeschreibung der im Film „Die Blechtrommel" auftretenden Personen*)

Oskar
Dreijährig: kobaltblaue Augen, Haare, die wie eine putzsüchtige Bürste nach oben streben. Selbstbewußt und ernstentschlossen (Doppelgänger des Jesuskindes). 94 cm groß.

Erwachsen: großer, selbst für normal gewachsene Personen zu großer Kopf, der zwischen den Schultern auf nahezu verkümmertem Hals sitzt. Brustkorb und Buckel treten hervor. Kräftige Arme, dichtes, leichtgewelltes dunkelbraunes Haar, stark leuchtende, bewegliche Augen. 121 cm groß.

In der Reihenfolge des Auftretens:

Anna Bronski, verehelichte Anna Koljaiczek
Junge kaschubische Bäuerin – mit Durchblick gewährenden, sonst fehlerlosen Schneidezähnen, rundäugig. Ihre vier übereinandergezogenen

---

*) Volker Schlöndorff, Tagebuch der Verfilmung der „Blechtrommel". Sammlung Luchterhand, Darmstadt 1979, S. 31–35.

Röcke bevorzugen alle denselben kartoffelfarbenen Wert. Die Farbe steht ihr.
Als Großmutter ist sie geprägt von provinzieller Strenge.

2 Gendarmen
Lang und dünn.

Joseph Koljaiczek
Annas Ehemann. Kurz und breit, runder Schädel, wilde Haare ohne Scheitel, schwarzer Schnauz. Wie ein kleines, breites Tier – der Brandstifter.

Agnes Koljaiczek, verehelichte Agnes Matzerath
Beider Tochter. Mit 17 Jahren: dunkelhaarig, gutgeformte Beine, zierliche Tanzfüßchen.
23 bis 37 Jahre: eine junge Frau, die den runden, ruhiggeformten Kopf auf straff fleischigem Hals trägt, mit einem Augenpaar, das gewohnt zu sein scheint, mehr grau als blau die Seelen der Mitmenschen wie auch die eigene Seele gleich einem festen Gegenstand – sagen wir, Kaffeetasse oder Zigarettenspitze – zu betrachten.
Dunkle Wasserwelle.
Besitzt angeborenen Geschäftssinn, Witz und Schlagfertigkeit.

Alfred Matzerath
Agnes' Ehemann, gebürtiger Rheinländer. Blonder Krauskopf, angeberisch, kann elegant, fast intellektuell aussehen wie eine schlechte Kopie von Harry Liedtke. Ein passionierter Koch von ,,rheinischer Fröhlichkeit'' (Zeitspanne von ca. 1917 bis 1945).

Jan Bronski
Agnes' Vetter und Geliebter. Mit 20 Jahren bereits viermal gemustertes Kerlchen mit kümmerlichem Brustkorb, also schmächtig, leicht gebückt gehend, hübsches ovales, vielleicht etwas zu süßes Gesicht – schwärmerische blaue Augen.
Bis zu seinem Tode 1939 (42 Jahre alt) immer noch zierlich, zurückgekämmtes kastanienbraunes Haar, blühender, immer zum Weinen bereiter Kußmund, voll durchblutete Wangen – eben jenes die Frauen verführende Ohrfeigengesicht, dazu weibisch müde Hände, gepflegt und arbeitsscheu (in einem Vergleich geschildert wie die bekannten süßlichen Jesusbilder).

Dr. Hollatz
Hausarzt der Familie Matzerath. Breite Hornbrille, röhrende Stimme, betont kraftvoller, unangenehmer onkelhafter Wortschwall.

Schwester Inge
Seine Sprechstundenhilfe. Steril, sauber und adrett.

Fräulein Spollenhauer
Volksschullehrerin. Ein älteres Mädchen, das sich durch ein eckig zuge-
schnittenes Kostüm ein trocken-männliches Aussehen gibt. Dieser Eindruck wird noch verstärkt durch den knappsteifen, Halsfalten ziehenden,
am Kehlkopf schließenden, abwaschbaren Hemdkragen; trägt Schlips und
Wanderschuhe; hat einen Bubikopf; Brille; ihre Gesichtshaut ist gelblich –
die Fingernägel kurz geschnitten; spreizt den kleinen Finger ab.
(,,Nur einmal gibt sie sich für ein Minütchen als ein nicht unsympathisches
älteres Mädchen, das, seinen Lehrberuf vergessend, der ihr vorgeschrie-
benen Existenzkarikatur entschlüpft, menschlich wird, das heißt kindlich-
neugierig, vielschichtig, unmoralisch, verfällt aber wieder ihrer alten, grad-
linig dummen, schlechtbezahlten Rolle, in den uralten, schablonenhaften
Volksschullehrerinnenblick.'')

Mutter Truczinski
Hausbewohnerin am Labesweg. Kleiner, runder Kopf, den dünne asch-
graue Haare so durchsichtig umspannen, daß die rosa Kopfhaut durch-
schimmert. Die spärlichen Fäden streben alle zum ausladendsten Punkt
ihres Hinterkopfes, bilden dort einen Dutt, der trotz seiner geringen Größe
– er ist kleiner als eine Billardkugel – von allen Seiten, sie mag sich dre-
hen, wie sie will, zu sehen ist. Stricknadeln halten den Dutt zusammen.
Ihre runden, beim Lachen wie aufgesetzt wirkenden Wangen reibt sie sich
mit Zichorienpapier ein.
Sie bewegt sich mit schlorrendem Gang.

Herbert Truczinski
Ältester Sohn. Kellner von Beruf, zwei Zentner schwer, mit beweglichem
runden Rücken, mit Sommersprossen übersät (fuchsige Haare wuchern
unterhalb der Schulterblätter beiderseits der im Fett eingebetteten Wirbel-
säule. Aufwärts, vom Rand der Unterhose bis zu den Halsmuskeln bedek-
ken den Rücken wulstige, den Haarwuchs unterbrechende, Sommersprossen tilgende, Falten ziehende, vielfarbig vom Blauschwarz bis zum
grünlichen Weiß abgestufte Narben).

Trompeter Meyn
Ewig betrunken. Hält sich vier Katzen, versteht den Oskar nicht, tritt später
der Reiter-SA bei.

Gretchen Scheffler
Bäckermeistersgattin, kinderlos. Irgendwie blond und weich und weiß –
mit Pferdegebiß, das zur guten Hälfte aus Goldzähnen besteht.
Mit einem zwei glatt, zwei kraus gestrickten Herzen, wie ihre Umgebung
von vielfach gestricktem, gehäkeltem, geziertem Inventar.

Alexander Scheffler
Bäckermeister. Kahlköpfig, kurzbeinig – befeuchtet unermüdlich mit der Zungenspitze die Oberlippe.

Albrecht Greff
Gemüsehändler. Pfadfinderführer, deshalb oft in kurzen Hosen, breit, trokken, gesund – mit einer Vorliebe für schmale, möglichst großäugige, wenn auch bleiche Knaben.

Lina Greff
Seine Frau. Phlegmatisch, frustriert – zieht später Daueraufenthalt im Bett vor.

Die Gören im Hof

Nuschi Eyke	10 Jahre
Axel Mischke	10 Jahre
Harry Schlager	10 Jahre
Hänschen Kollin	11 Jahre
Susi Kater	9 Jahre
Klein Käschen	8 Jahre

Sigismund Markus
Spielzeughändler. Getaufter Jude, hellbeflaumte bräunliche Flecken auf dem Handrücken. Trägt für gewöhnlich Ärmelschoner über dem dunkelgrauen Alltagstuch, Kopfschuppen auf den Schultern verraten seine Haarkrankheit. Spricht in floskelreicher Rede, mit leichtem, jedoch nie verletzendem Stolz – gefühlsbetont.

Bebra
Musicalclown. 1934 erste Begegnung mit Oskar – 53 Jahre alt, Liliputaner.

Liliputanergruppe

Löbsack
Gauschullungsleiter – bucklig und begabter Redner.

SA-Männer

Hitlerjugend

Jungvolk

Frauenschaft

BDM

Hochwürden Wiehnke
Stadtpfarrer von Herz-Jesu-Kirche.

Vikar Rasczeia

Der Stauer
Kahler, eiförmiger Kopf unter der Steuermütze, tabakbraune Zahnstummel.

Schugger-Leo
Ehemaliger Priesterseminarist. Lebt in der „Gnade", leicht tänzelnd, weil wirklich begnadet, steht er schief im Wind, lallt fädenziehend über die untere reichlich ausladende Sabberlippe. Grüßt mit schimmelndem welken Zylinder in Handschuhfingern.

SS-Heimwehr

Männer in der Polnischen Post

Kobyella
Hausmeister der Polnischen Post. Knochiger Invalide – magerer, wimpernloser Vogelkopf mit wäßrigen Pupillen. Trägt orthopädischen Schuh.

Leutnant
Führer des Pelotons.

Maria Truczinski
(16 bis 24 Jahre), Oskars Geliebte. Zunächst Dienstmädchen bei Matzerath, später verheiratete Matzerath, noch später verwitwete Matzerath – Mutter von Kurtchen.

Rundes, frischgewaschenes Gesicht, blickt kühl, doch nicht kalt aus etwas zu stark hervortretenden grauen, kurz, aber dicht bewimperten Augen unter kräftigen, dunklen, an den Nasenwurzeln zusammengewachsenen Brauen. Deutlich sich abzeichnende Backenknochen, deren Haut bei starkem Frost bläulich spannt und schmerzhaft springt, geben dem Gesicht eine beruhigend wirkende Flächenmäßigkeit, die durch die winzige, aber nicht unschöne oder gar komische, vielmehr bei aller Zierlichkeit wohldurchgebildete Nase kaum unterbrochen wird.

Ihre Stirn faßt sich rund, mißt sich niedrig und wird schon früh durch senkrechte Grübelfalten über der bewachsenen Nasenwurzel gezeichnet. Rund und leicht gekräuselt setzt auch jenes braune Haar an den Schläfen an, welches den Glanz nasser Baumstämme hat, um dann straff den kleinen, griffigen, kaum einen Hinterkopf aufweisenden Schädel zu bespannen.

Trägt zunächst Zöpfe hinter rasch durchbluteten derbgesunden Ohren, deren Läppchen nicht frei hängen, sondern direkt in das Fleisch überm Oberkiefer wachsen. Später trägt sie Dauerwellen, die die Ohrläppchen verdecken. Noch später einen modisch geschnittenen Wuschelkopf, zeigt die angewachsenen Ohrläppchen, schützt sie aber durch große, ein wenig geschmacklose Klips.

Sie ist eher kleiner als mittelgroß, mit etwas zu breiten Schultern, schon unter dem Arm ansetzenden vollen Brüsten und einem dem Becken entsprechenden Gesäß, das hinwiederum von zu schlanken, dennoch kräftigen „unterhalb der Schamhaare" Durchblick gewährenden Beinen getragen wird. (Kurz gesagt: X-Beine.)

Ihre Patschhände wird sie nie verleugnen können.

Roswitha Raguna
Die berühmte Somnambule. Liliputanerin, zierlich, südländisch, drei Fingerbreit größer als Oskar, neapolitanische Schönheit aus Sachsen – gleichviel glatter wie zerknitterter Haut, kirschschwarze Mittelmeeraugen, dunkle, früchteversprechende Stimme, blutjunge uralte Hand wie Porzellan.

Kitty
Liliputanerin. Honigblond, grauhäutig, nicht ohne Liebreiz.

Felix
Liliputaner, Kittys Partner (Equilibristen).

Obergefreiter Lankes
Baumlang, Wolfskopf. (Tritt im 3. Teil als Maler auf.)

Oberleutnant Herzog
(Beschreibung findet sich nur im 3. Teil: „Da er khakifarbene Kniehosen trägt, kommen seine dicklichen Waden zum Vorschein, aus dem offenen Leinenhemd wachsen graubraune Haare.")

ZWEI KONTROVERSE FILM-KRITIKEN

Über Volker Schlöndorffs Verfilmung des Romans „Die Blechtrommel" von Günter Grass äußert sich Ulrich Greiner in der „Frankfurter Allgemeinen Zeitung" vom 28. April 1979 unter anderem wie folgt:

Nun ist sie also da, Volker Schlöndorffs „Blechtrommel", die Verfilmung der Geschichte des zwergwüchsigen, blechtrommelnden Monstrums Oskar Matzerath, die erste Verfilmung des vor exakt zwanzig Jahren erschienenen Romans von Günter Grass. Ein sorgfältig gemachter Film, genau gearbeitet, mit vielen schönen Szenen, glänzenden Darstellern, und doch alles in allem nur gute Konfektion, jene Form qualitätsvollen Kunsthandwerks, das sich unablässig um Kunst bemüht und doch nur Handwerk bleibt, jene Art von „gutem Film", die den Durchschnitt, indem sie sich von ihm abhebt, nur bestätigt. Ein schöner Film, aber keiner, der irritieren könnte, der den Zuschauer in irgendeiner Weise forderte, ihn zu ungewohnten Fragen zwänge, kein Film, dessen Notwendigkeit außer jedem Zweifel stünde.

Allerdings ist der Roman von Grass, vor allem, wenn man ihn heute von neuem liest, sicher kein Jahrhundertwerk, kein revolutionäres Epos. Vom Ansatz her durchaus traditionell, erregte das Buch seinerzeit großes Aufsehen, weil es Zeitkritik, erlebte Historie, thematische Provokation und erzählerische Konvention in erträglicher Dosierung zu mischen wußte.

„Die Blechtrommel" war damals, das muß man heute erinnern, ein Skandal. Sie störte den sonntäglichen Familienfrieden der gebildeten Stände und die Dreieinigkeit aus Adenauer-Ära, Amtskirchen-Katholizismus und Wirtschaftswunder. Vor allem die kirchenschänderischen Passagen brachten Ärger, natürlich auch jene immer beliebter gewordene Szene, in der Oskar, vom Brausepulver angeleitet, bei Maria auf die richtigen Abwege gerät.

Ein „Blechtrommel"-Film heute, zwanzig Jahre danach, hat mit sehr vielen Schwierigkeiten zu kämpfen. Einige davon hat Schlöndorff begriffen, ohne sie ganz bewältigen zu können. Andere dagegen sah er nicht. Zum Beispiel die des Zeitunterschieds. Was damals als obszön galt und obszön war und somit eine wichtige Funktion im Roman hatte, ist es heute lange nicht mehr. Es genügt, an Bergmanns „Schweigen" zu erinnern, um zu sehen, was sich verändert hat.

Mehr noch: Der Roman von Grass ist, aus der Perspektive der fünfziger Jahre, eine Auseinandersetzung mit seiner Zeit. Er ist also heute ein historischer Roman. Diese Differenz macht sich Schlöndorff nicht zunutze, sondern er unterschlägt sie. So kommt es, daß beispielsweise jene Szene, in der Oskar den Jesusknaben, der sich zu trommeln weigert, ohrfeigt, einfach nur lustig wirkt. Damals rief sie die Religionslehrer auf den Plan.

Doch ist dies ein Mißgeschick, das auch den Roman trifft. Er zeigt die Patina der fünfziger Jahre, und sein Mangel an diagnostischer Schärfe fällt heute mehr auf als damals. Was immer man jedoch gegen ihn einwenden mag, seine sprachliche Meisterschaft steht unzweifelhaft fest. Der Erfindungsreichtum, die Sprachgewalt, die schlitzohrige Fabulierlust des Günter Grass – das ist unübertroffen. Eine Verfilmung, das wußte Schlöndorff, hat es damit nicht leicht.

Man amüsiert und unterhält sich. Das ist nicht wenig, aber auch nicht viel. Zum Beispiel der Überfall auf die polnische Post in Danzig, der den Ausbruch des Krieges einleitete, Höhepunkt des Romans wie des Films. Beachtlich, was Schlöndorff an spannenden Sequenzen zustande bringt. Keine Spur von Dilettantismus, keine dünnblütige Literaturverfilmung, sondern nahezu amerikanische Perfektion der Inszenierung. Aber der Zuschauer bleibt kühl. Er kann die Szenen bewundern, er verfolgt sie mit gelassener Aufmerksamkeit, aber ohne innere Anteilnahme oder gar Erregung.

Worin besteht die Wirkung, die Grass hier erzielt und auf die der Film vergeblich zielt? Sie besteht in der hanebüchenen Differenz zwischen dem Dargestellten und der Darstellung: Grass läßt in der Tat die Puppen tanzen und den Kosmos in die Binsen gehen, und er tut dies mit der Scheinlegitimation, daß der Erzähler des Ganzen der Insasse einer Heil- und Pflegeanstalt, also ein Kranker und Irrer ist.

Die Hauptfigur des Romans, und das ist Schlöndorffs entscheidender Irrtum, ist nicht der kleine Oskar, der sich freiwillig die Kellertreppe hinabstürzt, sondern Hauptfigur ist der Erzähler: eine Mischung also aus dem jungen und dem alten Oskar und aus einer Sprache, die sich auktorial selber erzählt, amoralisch und anarchisch-hemmungslos, eine monströse und geniale Konstruktion, in deren Spiegel die kleinbürgerliche Welt der Matzeraths zur gigantischen Groteske wird.

Wir gewinnen aber auch nicht jenes angenehme Entsetzen, das der Roman mit dieser dicken Symbolik hervorruft. Das allzu logische Ende des Alfred Matzerath verdankt sich weniger der Wahrscheinlichkeit, sondern eher dem Willen des Erzählers, der seine Figuren mitleidlos zugrunde und die Welt aus den Fugen gehen läßt.

Bei Schlöndorff geht nichts aus den Fugen, sondern alles arrondiert sich zu sorgfältig ausgeleuchteten Tableaus. Wo Grass „mit schwarzer Währung zahlt", wie es am Ende des Romans heißt, wo er also quasi naturwüchsig und wild erzählt, da kann ihm Schlöndorff nicht folgen. Seine Währung ist solide, er zahlt mit gedeckten Schecks. Er beschränkt sich auf das unterhaltsame und informative Zeitgemälde. Mit viel Liebe zum Detail hat er es ausgestattet, sich abgemüht um exakte Rekonstruktion, um treffende Arrangements. Seine Schauspieler sind prominent und gut: Charles Aznavour als Spielzeughändler Markus, Daniel Olbrychski als Jan Bronski, Katharina Thalbach als Maria. Aber nirgends erreicht der Film jene politische oder ästhetische Radikalität, die den Schock der Erkenntnis brächte.

In der „Süddeutschen Zeitung" vom 4. Mai 1979 schreibt Peter Buchka über den Film:

Wer diesen Film gut findet, wird ihn erst einmal verteidigen müssen. Denn natürlich werden zunächst die Literaten kommen und sagen, daß Grass' Roman sehr viel reicher sei – und sie hätten recht damit. Und es werden die Puristen unter den Cineasten kommen und behaupten, daß Schlöndorffs Film die Filmgeschichte keinen Millimeter weiter bringt – auch sie hätten recht. Trotzdem, was wäre damit bewiesen? Der Leistung des Films wird keines der beiden Verdikte gerecht.

Schließlich ist es eine alte Faustregel, daß bei Verfilmungen literarischer Stoffe bestenfalls 50 Prozent der Vorlage „rüberkommen". Wenn das Buch etwas taugt – und im Falle der „Blechtrommel" dürfte dies zweifelsfrei sein –, dann wird es dabei keinen Schaden nehmen. Wer es schon kennt, wird sich eh mehr an seine eigenen Leseeindrücke halten und den Film als Gedächtnisauffrischung, besonders geglückte Szenen vielleicht als Interpretationshilfe nehmen. Die es nicht kennen, für die ist dann die mehr oder weniger geglückte Adaption ein Film wie andere auch; falls er aber gar dazu animiert, doch noch das Original zu lesen – nun, desto besser für die Literatur.

Schlöndorff kam es darauf an, für die Wortsprache eine eigenständige, selbstbewußte Bildsprache zu finden. Dies scheint mir in der „Blechtrommel" gelungen, und zwar gerade darum, weil Schlöndorff den Roman nach den Gesetzen des Kinos verkürzt, um desto mehr Zeit für die Figuren zu haben, die nun ihren eigenen Rhythmus finden können; weil er auch, was doch so häufig bei Verfilmungen übersehen wird, stets den Zeitunterschied bedenkt, jenen veränderten Zustand der Welt, der sich in den 20 Jahren seit Erscheinen des Romans ergeben hat.

Wir haben also zunächst ganz werkgetreu das Skelett des Romans. Agnes Matzeraths und zweier Väter Sohn: Oskar, den das Versprechen einer Blechtrommel ans Licht der Welt lockt; den die ersten Einblicke in die Welt der Erwachsenen zum Entschluß bringen, das Wachstum einzustellen, in einer Zeit des heraufdämmernden Größenwahns klein zu bleiben. Wir sehen, wie er der Nazizeit den Takt trommelt, aus Protest zum kleinbürgerlichen Mief Glas zersingt; wie er, als seine Mutter sich mit Fischen zu Tode frißt, seine zwei Väter ums Leben bringt – den einen zu Beginn des Krieges in der Polnischen Post zu Danzig, den anderen beim Einmarsch der Russen mit einem Parteiabzeichen. Oskar macht reinen Tisch, mit Deutschland, mit seiner Familie. Schlöndorffs Einstieg war ganz zu Recht die Faszination an Oskar als einer realen Figur, die Beschreibung eines Kindes, das in den dreißiger Jahren schon vorlebte, was erst in den sechzigern zum Begriff wurde: Verweigerung. Gewiß geht dabei einiges verloren. Danzig erhält im Film nie jene plastische Anschauungskraft wie im Buch, das deftige kaschubische Element erscheint kaum noch als eine Lebensform, sondern verkommt zum Dialekt, zu einem folkloristischen Farbtupfer. Und auch die bei Grass fast irrwitzige Beschreibung der politischen Atmosphäre reduziert sich bei Schlöndorff auf die bekannten Stationen der Geschichte.

Paradoxerweise ist der Film dort dem Buch am nächsten, wo er eigentlich am weitesten davon entfernt sein müßte: in seinem Duktus, in seiner Bildsprache. Wo Grass mit seinem gebrochenen Realismus so wunderbar drauflos fabuliert, da verweilt Schlöndorff bei der Beschreibung von Figuren und Situationen, springt zum nächsten Motiv, nimmt sich Zeit für Oskars stets etwas fassungslosen Gesichtsausdruck, hetzt weiter, holt Atem unter kaschubischem Himmel, verliert sich schließlich im Wirrwarr der Flucht vor den Russen.

Und dennoch wäre er nichts ohne seinen Hauptdarsteller David Bennent. Dieses Kind mit den großen, verwunderten Augen, durch die doch der ganze Haß des Verletzten schießen kann, hat, wohl wegen der eigenen Kleinwüchsigkeit, schon alles Leid der Welt im Gesicht; ein Leid, dessen er sich gleichwohl durch Koboldhaftigkeit zu erwehren weiß. Eine bessere Besetzung des Oskar ist kaum denkbar. Dieser kleine David, dieser Laiendarsteller, pustet all die Profis wie Mario Adorf, Angela Winkler, Daniel Olbrychski und Katharina Thalbach regelrecht von der Leinwand. Wenn er im Bild erscheint, dann achtet man nur noch auf ihn. Nicht zuletzt seinetwegen gewinnt dadurch Oskar auch im Film jene Allgegenwart, die er im Buch durch die Sprache hat.

LITERATURNACHWEIS

Günter Blöcker, Rückkehr zur Nabelschnur, Frankfurter Allgemeine Zeitung, 28. 11. 1959.

Manfred Bourrée, Das Okular des Günter Grass, Echo der Zeit, 18. 11. 1962.

Heiko Büscher, Günter Grass in: Dietrich Weber, Deutsche Literatur seit 1945, Stuttgart 1970.

Manfred Durzak, Der deutsche Roman in der Gegenwart, Stuttgart 1971.

Hans Magnus Enzensberger, Wilhelm Meister, auf Blech getrommelt, Einzelheiten, Frankfurt a. M. 1962.

Geno Hartlaub, Wir, die wir übriggeblieben sind, Sonntagsblatt Hamburg, 1. 1. 1967.

Walter Höllerer, Roman im Kreuzfeuer, Der Tagesspiegel, 20. 12. 1959.

Peter Hornung, Oskar Matzerath – Trommler und Gotteslästerer, Deutsche Tagespost, Würzburg, 24. 11. 1959.

Joachim Kaiser, Oskars getrommelte Bekenntnisse, Süddeutsche Zeitung, 1. 11. 1959.

Reinhold Klinge, Die „Blechtrommel" im Unterricht, der Deutschunterricht, Stuttgart 1966/2.

Ute Liewerscheidt, Günter Grass, Die Blechtrommel, Hollfeld 1979², Didaktische Hinweise.

Hugo Loetscher, Günter Grass, DU, Zürich, Juni 1960.

Gert Loschütz, Von Buch zu Buch – Günter Grass in der Kritik, Neuwied 1968.

Fritz Martini, Deutsche Literaturgeschichte, Stuttgart 1965.

Hans Mayer, Felix Krull und Oskar Matzerath, Süddeutsche Zeitung, 14. 10. 1967.

Jost Nolte, Oskar der Trommler kennt kein Tabu, Die Welt, 17. 10. 1959.

Marcel Reich-Ranicki, Günter Grass, unser grimmiger Idylliker in: Deutsche Literatur in Ost und West, Hamburg 1970.

Kurt Lothar Tank, Der Blechtrommler schrieb Memoiren, Welt am Sonntag, 4. 10. 1959.

Walter Widmer, Geniale Verruchtheit, Basler Nachrichten, 18. 12. 1959.

Werner Wien, Trauermarsch auf der Blechtrommel, Christ und Welt, 17. 12. 1959.

Theodor Wieser, Die Blechtrommel — Fabulierer und Moralist, Merkur, Stuttgart, Dezember 1959.

Werner Welzig, Der deutsche Roman im 20. Jahrhundert, Stuttgart 1967.

Wilfried van der Will/R. Hinton Thomas, Der deutsche Roman und die Wohlstandsgesellschaft, Stuttgart 1970.

Wilfried van der Will, Pikaro heute, Stuttgart 1967.

Nachtrag 1980:

Hans-Peter Bode, Die Zeitgeschichte in der „Blechtrommel" in: Günter Grass, Materialienbuch, hrsg. von Rolf Geißler, Darmstadt/Neuwied 1976.

Gerd van Haalem, Der Zwergenwuchs in Volker Schlöndorff, „Die Blechtrommel", Darmstadt/Neuwied 1979.

Volker Schlöndorff, „Die Blechtrommel", Tagebuch einer Verfilmung, Darmstadt/Neuwied 1979.

Philosophie-Gerüst von Dr. Robert Hippe

Teil 1 — 96 Seiten

Der erste Band des Philosophie-Gerüsts will an die Geschichte der abendländischen Philosophie heranführen, dem Leser einen Überblick über die Jahrhunderte philosophischen Denkens geben.

Aus dem Inhalt:

> Was ist Philosophie? — Die griechische Philosophie — Die hellenistisch-römische Philosophie — Die Philosophie des Christentums — Die Philosophie des Mittelalters, im Zeitalter der Renaissance und des Barock — Die Philosophie von der Aufklärung bis zu Hegel — Die Philosophie der Gegenwart
> Anhang — Bibliographie u. a.

Teil 2 — 80 Seiten

Im zweiten Band werden die Disziplinen der reinen und angewandten Philosophie behandelt und dem Benutzer ein Überblick über den gewaltigen Umfang des Bereichs der Philosophie gegeben.

Aus dem Inhalt:

> **Die Disziplinen der reinen Philosophie**
> Logik und Dialektik — Psychologie — Erkenntnistheorie — Ontologie und Metaphysik — Ethik — Ästhetik
>
> **Die Disziplinen der angewandten Philosophie**
> Naturphilosophie und Philosophie der Mathematik — Geschichtsphilosophie — Rechts- und Religionsphilosophie — Philosophische Anthropologie und Existenzphilosophie — Sprachphilosophie
>
> **Philosophie und Weltanschauung**

Bibliographischer Anhang u. a.

BASISINTERPRETATIONEN

Christian Floto

Basisinterpretationen für den Literatur- u. Deutschunterricht I
- Ausgewählte Stücke und Prosa von Shakespeare bis Ionesco -

Nach einer kurzen Skizzierung der Literaturepochen werden anhand häufig gelesener
Stücke Basisinterpretationen gegeben. Sämtliche Beispiele entstanden im Unterricht
der Sekundarstufen.
Folgende Stücke werden u. a. behandelt:
Shakespeare, Hamlet - Lessing, Nathan - Schiller, Wallenstein - Goethe, Iphigenie -
Kleist, Marquise von O./Die Verlobung... - Fontane, Effi Briest - Dostojewskij, Der
Spieler - Hauptmann, Rose Bernd - Mann, Tonio Kröger - Döblin, Berlin Alexanderplatz -
Kafka, Der Prozeß - Brecht, Sezuan-Kipphardt, Oppenheimer - Frisch, Homo Faber -
Frisch, Biedermann u. Br. - Ionesco, Die Stühle.

Basisinterpretationen für den Literatur- u. Deutschunterricht II
- Ausgewählte Stücke und Prosa 'moderner' Autoren in der 1. Hälfte des 19. Jahrhunderts -

Literaturgeschichtlicher Abriß, Biographische Stationen, Aufbauprinzipien von Novelle
und Drama; Problemorientierte Bezüge zur modernen sozialpsychologischen
Lebenssituation.
Folgende Stücke werden u. a. behandelt:
Büchner, Woyzeck - Grabbe, Scherz, Satire, Ironie - Kleist, Der zerbrochene Krug/
Prinz von Homburg/Michael Kohlhaas/Erdbeben in Chili.

ERÖRTERUNGEN

Gliederungen und Materialien, Methoden und Beispiele
von Albert Lehmann
Die vorliegende Sammlung von 52 Gliederungen, die durch Erläuterungen - vornehmlich
Beispiele - zu den einzelnen Gliederungspunkten erweitert sind, sollen die
Wiederholung des Jahresstoffes erleichtern.
Stoffkreisthemen: Natur - Tourismus - Technik - Freizeit - Arbeit/Beruf - Konflikte
zwischen den Generationen - Die Stellung der Frau in der Gesellschaft - Entwicklungs-
länder - Sport - Massenmedien und viele Einzelthemen.
Für Lehrer ein unentbehrliches Nachschlage- und Vorbereitungsbuch.
Für die Schüler Wiederholungs- und Nachhilfebuch zugleich.

GEBRAUCHSTEXTANALYSEN
- Methoden und Beispiele -
Herausgegeben von einem Arbeitskreis der Pädagogischen Akademie Zams.
Aus dem Inhalt:
  I Warum Textuntersuchung? Begriffserklärungen.
  II Textanalyse - Textkritik
    Vorgestellt werden nur drei Möglichkeiten einer Analyse - und zwar unter:
    a) Kommunikationstheoretischem Aspekt
    b) stilistischem Aspekt
    c) soziologischem Aspekt
  III Gebrauchstexte verschiedener Art, die auf o. a. Aspekte hin untersucht,
    bzw. kritisiert wurden.
Ordnung der Texte nach Themenkreisen:
Werbetexte - Ferienprospekte - Kinoprogramme - Diverse Jugendzeitschriften
(Bravo u. a.) - Illustrierte und Frauenzeitschriften (Frau im Spiegel u. a.) - Schullesebücher -
Geschichtsbücher - Tagesberichterstattung: Politische Beiträge/kulturelle Beiträge -
Literarische Texte.

Dichtung in Theorie und Praxis

Mit dieser neuen Serie von Einzelheften legt der BANGE Verlag Längs- und Querschnitte durch Dichtungs-(Literatur-)Gattungen für die Hand des Schülers der Sekundarstufen vor.

Jeder Band ist — wie der Reihentitel bereits aussagt — in die Teile THEORIE und PRAXIS gegliedert; darüber hinaus werden jeweils zahlreiche Texte geboten, die den Gliederungsteilen zugeordnet sind. Ein Teil ARBEITSANWEISUNGEN schließt sich an, der entweder Leitfragen für die einzelnen Abschnitte, oder übergeordnete oder beides bringt. Lösungen oder Lösungsmöglichkeiten werden nicht angeboten.

Wir hoffen bei der Auswahl der Texte eine „ausgewogene Linie" eingehalten und die Bände für die Benutzer wirklich brauchbar gestaltet zu haben.

Es handelt sich um **Arbeits**bücher, die durch**gearbeitet** sein wollen; dem, der die Texte nur flüchtig „überliest", erschließt sich nichts.

Bei der Gestaltung der Reihe wird und wurde darauf geachtet, daß sie breit einsetzbar im Unterricht ist.